D1725246

MÄRCHEN

KAREL ČAPEK – JOSEF ČAPEK

MÄRCHEN

A L B A T R O S

P R A H A

DAS MÄRCHEN VOM VERZAUBERTEN LANDSTREICHER

Hört mal, Kinder, wenn euch irgendwer weismachen will, daß Märchen überhaupt nicht wahr sind, so glaubt ihm nicht. Märchen sind nämlich wahr, und das nicht zu knapp. Schließlich hat meine Großmutter mit eigenen Augen die Schlangenkönigin gesehen, und bei uns in den Flüßchen Aupa und Mettau gab es richtige Wassermänner. Hundeelfen, von denen ich euch noch erzählen will, gibt es auch, das kann euch der Herr Jirásek bezeugen, der so viele Bücher geschrieben hat, und dessen Wort hat Gewicht. Ich selbst habe mit eigenen Augen einmal eine Fee erblickt. Daran könnt ihr sehen, daß Märchen doch wahr sind, und wers nicht glaubt, darf nicht weiterlesen.

Es war einmal ein Landstreicher, der hatte in der einen Tasche ein Loch und in der anderen nicht einmal das. Das war all sein Hab und Gut. Dazu war der Ärmste stumm, hatte Läuse in seinen grauen, zotteligen Haaren und war so elend daran, daß ihn die Leute nicht einmal in der Scheune übernachten ließen; nur hin und wieder gab ihm jemand

5

ein Stück schimmeliges Brot, für das der Landstreicher nicht einmal danke sagen konnte und nur so eigenartig freundlich mit seinen hellblauen Augen dreinschaute, um gleich weiterzuziehen. Und was das Schlafen anbelangt, lieber Gott, hier gabs Heu, dort gabs Stroh, und wenn er gar nichts zum Zudecken fand, deckte er wenigsten die runzeligen Lider über die Augen; so gings halt auch.

Eines nachts schlief der stumme Landstreicher in einer leeren Feldhüterbude und ihm träumte, er wäre im Paradies. Vom Paradies kann schließlich auch ein armer Mann träumen. Und wie er so schlief, tauchte auf einmal ein Dieb und Spitzbube auf, um auch in der Bude zu übernachten; der schlich hinein und stieß im Dunkeln auf den schlafenden Landstreicher. „Vielleicht ein Kollege," dachte er sofort und griff dem Schlafenden sogleich in die Taschen, ob keine Goldketten oder Diamantringe vom letzten Raub darin wären. Aber er fand in der einen Tasche ein Loch und in der anderen überhaupt nichts; das war auch dem spindeldürren Spitzbuben zu wenig; er ließ des Landstreichers Taschen in Ruhe und legte sich auf der anderen Seite der Wächterbude nieder, um wenigstens ein Auge voll Schlaf zu finden.

Da lag der Spitzbube und konnte nicht gleich einschlafen, denn er hatte fürwahr kein reines Gewissen. Und wie er da lag, wurde das Wächterhäuschen von einem eigenartigen lieblichen Licht erfüllt, dessen Schönheit Wehmut wachrief und das Herz bis in den Hals klopfen ließ. In diesem geheimnisvollen Licht erblickte er drei alte, in Weiß gekleidete Frauen. Der Spitzbube erschrak sehr und machte sich in seinem Winkel so klein und dünn wie ein Häufchen

6

Asche, wie ein dürrer Grashalm, wie ein dreimal zusammengefaltetes Nichts, um nicht entdeckt zu werden. Aber die drei Alten beugten sich über den schlafenden Landstreicher und die erste hob an: „Schwestern mein, wie friedlich schläft der allerärmste Mensch auf der Welt!"

„Der allerärmste", sprach die zweite, „und doch findet er einen Ort, an dem der größte Schatz der Welt liegt."

„Aber erst nach seinem Tode," setzte die dritte hinzu.

Das dreimal zusammengefaltete Nichts - dieser kleine Dieb und Spitzbube - spitzte die Ohren.

„Ja, erst wenn er begraben wird," sprach die erste Greisin.

„Denn genau an der Stelle, wo er begraben wird, ruht der größte Schatz auf Erden," sprach die zweite.

„So lautet des Schicksals Ratschluß," setzte die dritte hinzu.

„Und wo wird er denn begraben?" entfuhr es jäh dem Spitzbuben, der seine Neugier aber sogleich bereute: Kaum waren die Worte heraus, verschwanden die drei greisen Feen, doch blieb ein wundersames, zauberhaft-wehmutsvolles Licht zurück, bei dessen Schein ihm in der Kehle bänglich wurde, während der stumme Landstreicher tief und fest weiterschlief.

Der Spitzbube setzte sich auf und überlegte: Wenn das also der Ratschluß des Schicksals ist, wird dieser olle Landstreicher einmal dort begraben, wo der größte Schatz auf Erden liegt. Ewig würde der ja nicht leben, dürr und altersschwach, wie der aussah. Den laß ich nicht mehr aus den Augen, ehrlich, ich werde auf Schritt und tritt mit ihm gehen, und wenn er stirbt, warte ich einfach ab, wo er begraben wird. Genau dort werde ich nachgraben und den Schatz

7

finden. Leute, ich bin aber schlau! Mit dieser Schläue bin ich mir als Dieb zu schade; ein Schlaukopf wie ich ist zu etwas Besserem geboren. Wenn ich erst mal den Schatz gehoben habe, kauf ich mir ein Auto, einen Pelz und goldene Ringe, und wenn dann ein Dieb käme, dem würde ich aber heimleuchten! Was, du Lumpenhund, du Mörder, du Spitzbub, mir meine Ringe stehlen? An den Galgen mit dir! „Jawohl, genau" sprach der Spitzbub bei sich, „all das will ich tun, wenn dieser Opa da erst tot ist und ich den Schatz finde, wo er begraben wird."

Kaum hatte sich der stumme Landstreicher im ersten Morgengrauen den Schlaf aus den himmelblauen Augen gerieben, fragte ihn der Spitzbube, wer er sei, wohin des Weges und nach allen möglichen anderen Dingen, doch sagte ihm der stumme Alte, das versteht sich von selbst, kein Sterbenswörtchen darauf, sondern schaute nur mit seinen blauen Äugelein freundlich drein.

„Du stummer Tropf, der du bist," sagte der Spitzbube, „damit du's nur weißt, ich werde jetzt auf Schritt und Tritt mit dir gehen, und wenn du mir ausreißen willst, gibt es Prügel, dann hau ich dich windelweich, hast du verstanden? So, auf gehts in die weite Welt!"

So zog also der Landstreicher von einem Dorf zum anderen und der Spitzbube immer einen Schritt hinter ihm her, um ihn nicht aus den Augen zu verlieren. Der Landstreicher ging von einer Tür zur anderen, manchmal gabs ein Stück Brot, anderswo nur böse Worte; die bösen Worte überließ ihm der Spitzbube, das Stück Brot nahm er ihm weg, um es selbst zu verschlingen. Manchmal stibitzte er auch ein Huhn oder ein Kaninchen, um es dann auf einem

Feuerchen zu braten, doch ließ er den Landstreicher nicht einmal die Knochen ablecken. „Je eher er verhungert, desto besser," dachte er, „dann komme ich wenigstens eher an den Schatz." Aber der stumme Alte wollte einfach nicht sterben, zog immer weiter von einem Dorf zum andern, der Spitzbube einen Schritt hinterdrein, und so kamen sie gemeinsam fast durch die ganze Welt.

Einmal zogen sie durch einen tiefen, finsteren Wald. Es war Nacht und kalt. Um die Mitternacht gelangten sie vor ein einsames Wirtshaus. Der alte Landstreicher klopfte an die Tür und der Wirt Jira machte ihm auf, doch war dieser Jira ein Räuber. Der Alte bedeutete ihm durch Gesten, Jira möchte ihn doch irgendwo übernachten lassen - auf dem Heuboden oder im Stall, doch der schlug ihm mit einem Fluch die Tür vor der Nase zu. Der Alte sah sich um und erblickte eine Hundehütte, in der ein riesiger Bluthund lag. Er schlurfte aber furchtlos zur Hütte, der böse Bluthund stand lammfromm auf, wedelte mit dem Schwanz und ließ den Alten in seine warme Hütte. Da sagte sich der Spitzbube: „Da ist doch sicher auch Platz für mich" und eilte hinterher. Aber der Bluthund sprang auf, fletschte die Zähne und ließ tief aus der Brust ein drohendes Knurren hören, als wollte in seinem Inneren etwas zerreißen. Und wenn's zerreißt, würden die furchterregenden Zähne zuschnappen. Eilends wich der Spitzbub an die Wirtshaustür zurück und pochte aus Leibeskräften. Der Räuber Jira machte ihm auf und fragte finster „Wer da?"

„Ich bitt Euch, Herr Wirt," schlotterte der Spitzbube, „ laßt mich ein, sonst frißt mich Euer Hund auf!"

10

„Das ist nicht umsonst, hier wird bezahlt." sagte Jira.

„Ich will Euch bezahlen," rief der Spitzbube in seiner Angst, „wenn ich erst den Schatz ausgegraben habe." Kaum hörte Jira diese Worte, packte er den Spitzbuben am Kragen, so, heraus mit der Sprache, was für ein Schatz und wo? Der Spitzbube mußte also wohl oder übel erzählen, wie er die drei Feen gesehen hatte, die weissagten, daß an der Stelle, wo der stumme Landstreicher ins Grab gelegt würde, der größte Schatz auf Erden zu finden sei. Da war der Jira gleich ganz Ohr; fünfmal fragte er den Spitzbuben aus, dann sperrte er ihn in die Kammer, krempelte die Ärmel auf, spuckte in die Hände und dachte scharf nach.

„Ich werde dem Landstreicher nachgehen," sagte er bei sich, „und wenn er stirbt, paß ich gut auf, wo sie ihn beerdigen, und grabe auf der Stelle den Schatz aus. Für diesen Schatz kauf ich mir ein Schloß mit einer Kammer voller Dukaten. Und wenn sich irgendwelche Diebe oder Räuber an mich wagen, Kruzitürken, schlag ich sie tot!" Über diese Dinge grübelte er bis zum Morgen. In der Frühe schnitt er sich einen halben Zentner Speck ab, steckte ihn in einen Sack und wartete, bis der stumme Landstreicher erwachte und weiterzog, um ihm zu folgen. Der Alte wachte auf, streichelte den Bluthund, wusch sich die Augen aus und zog auf der Landstraße weiter. Der Räuber Jíra immer hinterher.

Indessen war der Spitzbube in der Kammer eingesperrt. Am Morgen bekam er Angst, er könnte den Alten aus den Augen verlieren, und so machte er sich dünn und immer dünner, hauchdünn wie ein Roßhaar, und schlüpfte durchs Schlüsselloch ins Freie. Da mußte er sehen, wie der alte Landstreicher davonzog, gefolgt von Jíra. Der Spitzbube hastete hinterdrein, doch Jíra zückte ein furchterregendes

11

Schlachtermesser und drohte: „Mensch, geh einen anderen Weg, sonst schneid ich dir ritsch ratsch die Kehle ab." Der Spitzbube blieb zurück und überlegte, wie er sich an Jíra rächen könnte und was anzustellen wäre, daß der ihm den Alten nicht entführte.

So ging der Alte von einem Dorf zum anderen und bettelte um ein Stück Brot. Der Räuber Jíra unentwegt einen Schritt hinterher, die blutunterlaufenen Augen unverwandt auf ihn gerichtet. Es war schon Mittag, und der Alte hatte noch nicht einmal eine Brotrinde erbettelt. So setzte er sich zitternd wie Espenlaub an den Wegrand. Auch Jíra setzte sich, zog seine Speckseite aus dem Sack, schnitt sich zwanzig Pfund herunter, verschlang sie sogleich und gab dem armen Alten nicht einmal ein Stückchen Schwarte ab. Dann schleppte sich der Landstreicher weiter, bis der Abend nahte, doch niemand gab ihm einen gutes Wort oder gar eine trockene Kartoffel. Als die Nacht hereinbrach, legte er sich in einem Heuschober zur Ruhe, machte die blauen Augen zu und schlief ein. Jíra saß auf der Schwelle und kaute an weiteren zwanzig Pfund Speck. „Was soll ich ihm denn nachlaufen," dachte er bei sich, „ich schneide ihm einfach die Kehle ab, und wenn er tot ist, begrabe ich ihn. Schließlich kann ich ihn begraben, wo ich will, auf jeden Fall findet sich an jener Stelle der Schatz". Er zückte sein Messer, spuckte darauf und begann, es am Wetzstahl zu schärfen. Dann prüfte er die Schärfe mit dem Daumennagel, spuckt wieder auf die Klinge und wetzte weiter, daß es nur so sauste. Dann prüfte er wieder mit dem Daumen und wetzte weiter.

12 Inzwischen war der Spitzbub ins nächste Dorf gelaufen,

und um Jíras Pläne zu durchkreuzen, erzählte er allen Leuten, er habe einen verzauberten Landstreicher getroffen, daß an der Stelle, wo dieser begraben werde, ein Schatz im Boden läge und daß der Räuber Jira mit dem Alten umherzöge, um diesen Schatz zu heben. Kaum hatten die Bauern das gehört, gedachte ein jeder, auch den Schatz zu heben. Jeder ergriff einen Sack, steckten einen Laib Brot oder eine Speckseite hinein, packte Hacke oder Spaten und machte sich heidi, hinter dem Alten her.

Jíra wetzte gerade sein Messer, um den stummen Landstreicher abzukehlen. Als er zum drittenmal auf die Klinge spuckte und sie zum drittenmal über den Wetzstahl strich, daß die Funken stoben, hob er den Kopf und sah ringsum etwas leuchten wie lauter glühende Kohlen. Das waren die gierig funkelnden Augen der hinzugekommenen Schatzgräber. „Das wäre ja noch schöner", sprach Jira für sich, „Ich erdolche und begrabe den Alten, und die da jagen mich davon, um den Schatz selbst in Ruhe zu heben. So haben wir nicht gewettet!" Unbekümmert wetzte er sein Messer fertig und schnitt sich noch ein ordentliches Stück Speck ab. Der Alte schlief tief und fest. Aber von denen, die ihm gefolgt waren, konnte keiner einschlafen aus Angst, ein anderer könnte den alten Landstreicher in seinem Sack davontragen und heimlich begraben; so saßen sie rings um den Heuschober und funkelten einander mit gesträubten Bärten aus blutunterlaufenen Augen an.

In der Frühe wachte der Alte auf und wunderte sich überhaupt nicht über die vielen Leute; er netzte sich die Augen mit Tau und zog weiter. Die Menge folgte ihm, und die Leute drängten sich, ein jeder wollte ihm recht nahe

13

sein. Bis Mittag glückte es dem alten Landstreicher nicht, auch nur eine Brotrinde zu erbetteln; er setze sich auf einen Stein und zitterte wie ein Halm im Wind. Alle ließen sich rings um ihn nieder, zogen ihren Mundvorrat aus dem Sack und stillten ihren Hunger, doch keiner reichte dem Alten auch nur eine Brotkrume. Als wieder die Nacht hereinbrach und der Alte sich zur Ruhe legte, setzten sie sich alle ringsherum, ließen wie Wölfe ihre Augen glühen, belauerten einander und knirschten mit den Zähnen, als wollte einer den anderen beißen. Mitten in diesem Kreis schlief der Alte still wie ein Kind.

So ging es auch am zweiten, dritten, vierten Tag und immer weiter. Nur nahm die Menge unablässig zu, immer mehr Leute waren auf den Schatz erpicht und warteten auf den Tod des stummen Landstreichers. Alle haßten einander bis aufs Blut, doch keiner in dem langen Zug wollte zurückbleiben, und so verzehrten sie einander mit glühenden Augen, zischten sich haßerfüllt an und fletschten die Zähne. Arme Bettler waren darunter, die gern zu Wohlstand gekommen wären, Diebe und Räuber, aber auch vermögende Leute, die noch reicher werden wollten; die fuhren mit Leiterwagen und Kutschen hinter dem Alten her, um den großen Schatz sogleich aufladen zu können. Die allerreichsten zogen nicht selbst hinter dem Alten her, sondern hatten dazu Wächter und Detektive gemietet; die berühmtesten Detektive fuhren in Autos hinterher und jeder wollte beim Tod und Begräbnis des alten Landstreichers dabeisein. In diesem Zug schritten viele tausend Menschen, allen voran der gebückte, stumme alte Landstreicher, auf einen krummen Stock gestützt, mit seinen blauen Augen. Überall verschlossen die Leute Tür und Tor, wenn sie diesen gespenstischen Zug nahen sahen, und niemand reichte dem Alten auch nur einen Bissen Brot. Und so wurde er von Tag zu Tag kleiner, verschrumpelter, nur seine Augen strahlten immer blauer, als ob daraus der Himmel herabschaute.

Sobald sich der Alte irgendwo niedersetzte, machten alle sogleich Rast und labten sich an ihren Vorräten, doch niemand gab ihm auch nur einen einzigen Bissen ab. „Wozu ihn auch noch füttern," dachte ein jeder, „der hätte sowieso schon längst ins Gras beißen und sich begraben lassen sollen." Aber der alte Landstreicher starb immer noch nicht, 15 auch wenn er schon fast durchsichtig war. Nur des nachts, wenn er schlief, glühten ringsum tausende böse Augen mit roten und grünen Flämmchen.

Eines nachts bettete sich der Alte in einem Strohhaufen auf freiem Feld zur Ruhe. Ringsum saßen Abertausende und lauerten. Die Zugpferde vor den Wagen scharrten mit den Hufen, die Autos surrten und die Menschen fletschten die Zähne gegeneinander. Da verabredeten die allermächtigsten unter den Schatzsuchern, die ihm bisher gefolgt waren, in dieser Nacht den Alten zu töten und in Stücke zu schneiden; jeder sollte ein Stück des Körpers mitnehmen und irgendwo verscharren, um dann an jener Stelle den Schatz ausgraben zu können. Sie zückten ihre Messer und schickten sich an, den Alten umzubringen.

In diesem Augenblick fuhr ein feuriger Engel vom gestirnten Himmel hernieder und gab dem Alten den Todeskuß. Der Strohaufen loderte sogleich bis an den Himmel auf, die Flamme warf Licht auf Tausende vor Entsetzen und Habgier bleiche Gesichter. Ehe sie wieder zu sich kamen, war die Strohmiete restlos abgebrannt und aus der Brandstätte fuhr eine gewaltige Rauchsäule, die feine Asche in die Augen aller Umstehenden wehte. Das war die Asche des toten Landstreichers.

Alle, denen die Asche in die Augen gefallen war, spürten einen brennenden Schmerz und waren für lange Zeit fast erblindet. Aber der Schmerz ließ allmählich nach, die Blindheit wurde von den Tränen weggespült, dabei verschwanden auch die roten und grünen Flämmchen aus den Augen, so daß sich die Menschen voll Verwunderung umblickten. Auf einmal sahen sie ihre Gier und Habsucht, die sie hinter

16

dem Schatz hergejagt hatte, und alle schämten sich, daß sie am liebsten im Erdboden versunken wären. Einer sah es dem anderen an den Augen an, wie sehr sie sich schämten und ihr Leben ändern wollten; einer blickte dem anderen ins Herz, wo Reue und Sanftmut aufkeimten; auf einmal erblickten sie in einander nicht mehr Feinde, sondern Menschen. Das war für sie etwas Neues, das ihnen mit einem Schlag klarmachte, daß ihre Augen von der Asche des stummen Alten verzaubert waren. Sie sahen auf einmal die Sternenpracht am Himmel, herrlicher als alles Gold der Welt, sie sahen die guten Seiten der Menschenseele und alles Böse, das sie sahen, weckte in ihnen Mitleid, keinen Haß. So fanden sie wirklich den allergrößten Schatz dort, wo der stumme Alte begraben war, in ihren eigenen Augen und deren freundlichen Blick.

Seither sind diese Menschen längst wieder in alle Welt auseinander gegangen, doch haben sie immer noch gütige, verzauberte Augen, mit denen sie alles Schöne und Gute im Leben zu erblicken wissen. Manchmal begegnet ihr einem solchen Menschen; wenn der euch anblickt, ist euch zumute, als hätte er ein freundliches Wort gesagt.

DAS WASSERMANNMÄRCHEN

Kinder, glaubt nur nicht, daß es keine Wassermänner gibt! Ich kann euch nur sagen, es gibt Wassermänner, und was für welche! Zum Beispiel bei uns, da, wo wir geboren sind, wohnte einer im Flüßchen Aupa unter dem Wehr, ein anderer nebenan in Hawlowitz bei der alten Holzbrücke, ein dritter hauste im Radetscher Bach. Der ist einmal zu meinem Vater gekommen, um sich einen Zahn ziehen zu lassen, und hat ihm dafür ein Körbchen mit rosa-silbrigen Forellen gebracht, sorgfältig mit Brennesseln ausgelegt, damit sie schön frisch blieben. Das war ein Wassermann, das konnte man schon daran sehen, daß der Stuhl, auf dem er gesessen hatte, naß war, als er sich erhob. Und einer wohnte bei Großvaters Mühle in Hronov, der hielt am Wehr unter Wasser sechzehn Pferde, und deshalb sagten die Ingenieure, daß der Fluß Mettau an dieser Stelle sechzehn Pferdestärken hat. Diese sechzehn weißen Pferde zogen unermüdlich, deshalb drehte sich die Mühle ohne Unterlaß; als Großvater eines nachts starb, hat der Wassermann ganz leise alle sechzehn Pferde ausgespannt, so daß die Mühle drei Tage lang stillestand. In den großen Flüssen gibt es Wassermänner, die haben noch viel mehr Pferde, fünfzig oder hundert; anderswo gibt es so arme Schlucker, daß sie nicht einmal einen Holzbock ihr eigen nennen.

So ein Großwassermann in der Moldau bei Prag, daß ist ein steinreicher, großer Herr; der kann sich sogar ein Motorboot leisten und fährt damit im Sommer ans Meer. Aber es gibt auch ganz mickrige Kleinwassermännchen, die haben nur eine handtellergroße Pfütze, darin einen Frosch, drei Mücken und zwei Gelbrandkäfer, oder betreiben ihr Gewerbe in einem kläglichen Rinnsal, in dem sich nicht einmal eine Maus einen nassen Bauch holt. Manche fangen das liebe lange Jahr nichts als ein paar Papierschiffchen oder eine Windel, die einer Mutter bei der Wäsche davongeschwommen ist. Das ist schon ein Elend. Aber so einer wie der Rosenberger Wassermann hat gut und gerne zweihundertzwanzigtausend Karpfen, dazu Schleien, Plötzen und auch einen Haufen Hechte mit scharfen Zähnen. Gerecht ist das nicht, aber so ist es nun mal auf der Welt.

Wassermänner sind Einzelgänger, aber ein-, zweimal im Jahr, bei Hochwasser, kommen sie aus der ganzen Gegend zusammen und halten, wie man so sagt, ihre Bezirkskonferenz ab. Die aus unserer Gegend fanden sich bei Hochwasser immer auf den Wiesen um Königgrätz ein, denn da ist das Land schön flach mit herrlichen Tümpeln, Buchten und toten Flußarmen, die mit dem allerfeinsten Schlamm ausgepolstert sind. Das muß gelber oder ein wenig bräunlicher Schlamm sein; roter oder grauer ist nicht mehr so weich und fein. An so einer nassen Stelle sitzen sie dann

19

beisammen und erzählen sich, was es Neues gibt: Daß dort oben bei Schuchendorf die Leute angefangen haben, den Fluß zu regulieren, so daß der dortige Wassermann, der alte Jiretschek, ausziehen mußte; daß Tassen und bunte Bänder wieder teurer geworden sind, furchtbar: Da muß ein Wassermann, wenn er jemanden fangen will, erst mal für dreißig Kronen bunte Bänder kaufen; eine Tasse kostet mindesten drei Kronen, und dann ist das nur Ramschware;

am besten, man schmeißt das Handwerk hin und fängt was ganz anderes an. Und dann erzählen die Wassermänner darüber, wie der Wassermann Faltys aus Jaromer, der rothaarige, sich aufs Geschäft verlegt hat und mit Mineralwasser handelt, und wie der hinkende Slepanek Installateur geworden ist und Wasserleitungen baut, und wie es andere mit anderen Gewerben zu etwas gebracht haben. Das versteht sich von selbst, Kinder, ein Wassermann kann nur so ein Handwerk treiben, in dem Wasser vorkommt; er kann Wasser-sportler werden oder jemandem den Wasserträger machen, Wasser-werker werden oder einen Wasserwerfer steuern, Wasser-ski fahren, Wasser-melonen züchten, Wasser-pfeifen rauchen oder Wasser-flugzeuge steuern, zur Wasser-Schutzpolizei gehen, kurz, irgendwie muß immer Wasser mit dabei sein.

Ihr seht, es gibt genug anderen Broterwerb für Wassermänner, deshalb werden sie auch immer weniger. So zählen sie sich auf ihren Jahrestreffen immer ab und stellen dann betrübt fest: „Wieder fünf weg; Jungs, wenn das so weitergeht, stirbt unser Handwerk bald aus."

„Tja," sagt dann der alte Kreuzmann aus Trautenau, „das ist nicht mehr so wie früher. Mann, vor ein paar hunderttausend Jährchen stand ganz Böhmen unter Wasser, da konnten die Leute oder besser Wassermänner, denn Menschen gabs damals noch nicht - tja, das waren noch Zeiten - verflixt, wo bin ich denn da stehengeblieben?"

„Daß ganz Böhmen unter Wasser stand" half ihm der Skalitzer Wassermann Zelinka weiter.

„Aha," meinte Kreuzmann, „also ganz Böhmen stand unter Wasser, auch die Mannsteine, Mädelsteine, der Mittag-

21

stein und alle anderen Berge; unsereiner konnte in aller Seelenruhe nassen Fußes schön unter Wasser von Brünn bis meinetwegen Prag wandern. Noch eine Elle über der Schneekoppe stand Wasser. Leute, das waren Zeiten!"

„Stimmt, das waren Zeiten," sagte der Ratiboritzer Wassermann Kulda nachdenklich. „Damals waren die Wassermänner noch nicht solche Einzelgänger wie heute. Damals hatten wir Unterwasserstädte, aus Wasserziegeln gebaut, die Möbel waren aus hartem Wasser geschnitzt, die Deckbetten waren aus weichem Regenwasser, geheizt wurde mit warmem Wasser, und es gab keinen Grund, kein Ufer, keinen Wasserspiegel; weit und breit nur Wasser und wir."

„Genau," pflichtete Lischka, genannt Quakelkopp bei, der Wassermann aus den Froschenteicher Sümpfen, „Das war damals noch Wasser! Das konnte man wie Butter schneiden, daraus konnte man Kugeln formen, Fäden spinnen und Stricke drehen; das war wie Stahl, wie Flachs, wie Glas, federleicht, dick wie Sahne, hart wie Eichenholz und warm wie ein Pelz. Alles war aus Wasser. Mann, so ein Wasser gibts heutzutage nicht mehr". Und der alte Lischka spuckte verächtlich aus, daß gleich ein tiefer Tümpel entstand.

„Alles vorbei," sinnierte der alte Kreuzmann, „damals gabs zwar wunderschönes Wasser, aber es war reinweg, reinweg - also reinweg stumm."

„Wieso denn?" wunderte sich Zelinka, der nicht so alt wie die übrigen war.

„Tja, stumm war es," sagte Lischka Quakelkopp. „es hatte halt noch keine Stimme, konnte noch nicht sprechen. Es war so still und stumm wie heute, wenn es zufriert. Oder

22

WASSERRATTEN

wenn Schnee fällt, es auf Mitternacht zugeht und sich weit und breit nichts rührt. Dann ist da Stille, eine totenstille Stille, daß einem richtig angst und bange wird. Dann steckt man den Kopf aus dem Wasser und lauscht, was das für eine herzbeklemmende Stille ist. So eine Stille herrschte damals überall, als das Wasser noch stumm war."

23

„Und wie kommt es denn," wollte Zelinka wissen, der erst siebentausend Jahre alt war, „wie kommt es eigentlich, daß Wasser nicht mehr stumm ist?"

„Das kam so," sagte Lischka, „das hat mir mein Urgroßvater erzählt und gesagt, daß das schon ein paar Millionen Jahre her ist. Also damals lebte ein Wassermann, wie hieß der denn gleich? Röhrich, nein, nicht Röhrich, Müller, nee,

Müller auch nicht, Hampel auch nicht, Pavlasek, auch nicht, Herrgott, wie hieß der denn noch?"

„Arion" warf der alte Kreuzmann ein.

„Richtig, Arion" pflichtet Lischka bei. „Ich hatte es schon auf der Zunge, Arion hieß der. Und dieser Arion hatte so eine eigenartige Gabe, so eine vom lieben Gott gegebene Fähigkeit, so eine Begabung, verstehst du? Der konnte so schön sprechen und singen, daß einem das Herz im Leibe hüpfen und gleich wieder weinen wollte, wenn er sang. So ein Musikant war das."

„Ein Dichter," verbesserte ihn Kulda.

„Musikant oder Dichter, ist ja egal," meinte Lischka, „aber der konnte was! Mein Urgroßvater sagte, daß alle in Tränen aufgelöst waren, wenn der seinen Gesang anstimmte. Dieser Arion hatte nämlich großes Herzeleid. Niemand weiß, warum, niemand weiß, was ihm Schlimmes widerfahren ist. Aber es mußte ein furchtbarer Schmerz sein, weil er so schön und traurig sang. Und wie er so unter Wasser sang und klagte, zitterte jedes Wassertröpfchen mit, als wäre es eine Träne. Und in jedem Tropfen blieb ein kleines Stück seines Gesangs zurück, wie er sich im Wasser fortpflanzte. Jedes Wassertröpfchen hat ein wenig von seiner Stimme eingefangen, und so ist das Wasser nicht mehr stumm. Deshalb klingt, läutet, klingelt, wispert und flüstert, murmelt und plätschert, rauscht, braust, ächzt, dröhnt, röhrt, brüllt, donnert, zischt und lacht es, klimpert wie eine silberne Harfe und trillert wie eine Balalaika, singt wie eine Orgel, dröhnt wie ein Waldhorn und redet wie eine Mensch in Freud oder Leid. Seither spricht Wasser in allen Sprachen der Welt und redet von Dingen so wundersam und

25

schön, daß sie niemand mehr versteht, am wenigsten die Menschen. Ehe Arion kam und das Wasser singen lehrte, war es genau so stumm wie der Himmel."

„Der Arion hat aber nicht den Himmel ins Wasser gebracht," sagte der alte Kreuzmann. „Das was viel später, zu Lebzeiten meines Vaters, Gott gebe ihm den ewigen Frieden, das hat der Wassermann Quaquaquoquax getan, und zwar aus Liebe."

„Wie denn?" wollte der Wassermann Zelinka wissen.

„Das war so. Quaquaquoquax hatte sich verliebt. Quaquaquoquax erblickte die Prinzessin Quaquakunka und entbrannte in Liebe, jawohl. Quaquakunka war schön. Sie hatte einen gelben Froschbauch, Froschbeinchen, einen schön breiten Froschmund von einem Ohr zum anderen und war ganz naß und kalt. So schöne Frauen gibt es heute nicht mehr."

„Und weiter?" fragte der Wassermann Zelinka atemlos.

„Na, was schon? Die Quaquakunka war schön und stolz. Sie blähte sich und auf und sagte quak. Quaquaquoquax wurde fast wahnsinnig vor Verliebheit. „Nimmst du mich zum Mann," gelobte er, „bringe und schenke ich dir, was immer du begehrst." Und sie meinte darauf: „Dann bring mir das Blaue vom Himmel, quak."

„Und was tat Quaquaquoquax?" unterbrach Zelinka.

„Was blieb dem schon übrig? Der saß unter Wasser, klagte qua qua qua qau, qua, qua, qua, qua und wollte sich das Leben nehmen. Daher sprang er aus dem Wasser in die Luft, um darin zu ertrinken, jawohl. Noch nie war jemand vor ihm in die Luft gesprungen, Quaquaquoquax war der erste."

„Und was tat er in der Luft?"

WASSERMANN
BEIM FISCHEHÜTEN

WASSER-
FUSSBALL

„Nichts. Er blickte nach oben, über ihm war blauer Himmel. Er blickte nach unten, unter ihm war auch blauer Himmel. Quaquaquoquax war außer sich vor Verwunderung. Damals wußte noch niemand, daß sich der Himmel im Wasser spiegelt. Als Quaquaquoquax sah, daß auf dem Wasser blauer Himmel lag, stieß er ein verwundertes „quak" aus und plumpste ins Wasser zurück. Dann nahm er Quaquakunka auf den Rücken und sprang mit ihr in die Luft. Quaqua-

28

kunka sah den blauen Himmel im Wasser und schrie freudig: „quaqua", denn Quaquaquoquax hatte ihr das Blaue vom Himmel gebracht."

„Und weiter?"

„Nichts. Sie wurden glücklich miteinander und brachten viele Kaulquappen zur Welt. Seit jener Zeit kommen die Wassermänner aus dem Wasser, um zu sehen, daß der Himmel auch dort ist, wo sie ihre Heimstatt haben. Wenn jemand seine Heimat verläßt, egal, wer es ist, und sein Blick zurückschweift, so wie Quaquaquoquax ins Wasser geblickt hat, sieht er, daß dort das wahre Himmelreich liegt, verstehst du, der echte blaue, wunderschöne Himmel. Quak."

„Und wer hat das entdeckt?" „Quaquaquoquax!" „Hoch lebe Quaquaquoquax!" „Und Quaquakunka!"

In diesem Augenblick ging ein Mensch am Wasser vorbei und dachte bei sich: „Heute quaken die Frösche aber mal wieder wie verrückt". Dann nahm er einen Stein und warf ihn in den Tümpel, daß des platschte und das Wasser hoch aufspritze, worauf sogleich Stille eintrat: Alle Wassermänner stürzten sich ins Wasser und kamen erst im Jahr darauf wieder zu einer Konferenz zusammen.

29

DAS RÄUBERMÄRCHEN

Es ist schon unheimlich lange her, so lange, daß sich nicht einmal der alte Zelinka, Gott hab ihn selig, daran erinnern konnte, und der konnte sich sogar noch an meinen dicken Urgroßvater erinnern! Also es ist wirklich schon unheimlich lange her, da lebte in den Brendabergen der berüchtigte, böse Räuber Banditissimus, ein grausamer Mordbrenner, mit seinen elf Spießgesellen, fünfzig Dieben, dreißig Spitzbuben und zweihundert Helfershelfern, Schmugglern und Hehlern. Und dieser Banditissimus legte sich immer an der Straße nach Poritschen, Kosteletz oder Hronov in den Hinterhalt, bis ein Fuhrmann, Kaufmann, Jude oder Edelmann zu Pferd vorbeikam. Dann stürzte er hervor, brüllte fürchterlich, raubte ihn von oben bis unten aus, und der Ärmste konnte froh sein, daß ihn Banditissimus nicht erdolchte, erschoß oder am nächsten Baum aufknüpfte. So ein Schlagetot und Unmensch war dieser Banditissimus!

Da fährt so ein Kaufmännchen seiner Straße, ruft seinen Pferden mal „hü" und mal „hott" zu und freut sich schon darauf, daß er in Trautenau seine Ware mit Gewinn losschlägt. Und wenn es durch den Wald geht, graut ihm ein wenig vor den Räubern, aber um das nicht merken zu lassen, pfeift er ein munteres Lied vor sich hin. Auf einmal tritt ein Kerl wie ein Baum aus dem Wald, breiter als Herr Smejkal oder Herr Jahelka, aber noch zwei Köpfe größer, dazu bärtig, daß er sich vor lauter Bart nicht ins Maul sehen kann; also so ein Brocken stellt sich vor die Pferde, brüllt: „Geld oder Leben" und zielt mit einer Riesenpistole auf den Kaufmann. Da versteht sich von selbst, daß der Kaufmann das Geld herausrückt, doch Banditissimus nimmt ihm dazu auch noch Wagen, Ware und Pferde, sogar das Wams, die Buxe und die Stiefel und zieht ihm zuletzt eine mit der Peitsche über, damit der arme Kerl flotter heimläuft. Wie schon gesagt, der Banditissimus war nichts anderes als ein übler Galgenvogel.

Und weil es weit und breit keinen anderen Räuber gab (erst ein Stück hinter Marschov war der nächste, doch der war im Vergleich zu Banditissimus ein rechter Stümper), stand sein Räuberhandwerk in voller Blüte, so daß er bald reicher war als manch ein Rittersmann. Da er einen kleinen Sohn hatte, dachte der alte Räuber bei sich: „Was denn, den schick ich irgendwohin studieren, auf ein paar Tausender soll es mir nicht ankommen, das kann ich mir schließlich leisten. Der soll schön Deutsch und Französisch lernen, damit er ordentlich bitteschön oder schewusäm sagen kann, Klavierspielen und nach allen Regeln der Kunst Schottisch oder Quadrille tanzen, vom Teller essen und sich ins Taschentuch schneuzen lernt. Zwar bin ich nur eine Räuber, doch soll mein Sohn die Manieren eines Grafen bekommen. Punktum, basta!"

31

Nach diesen Worten nahm er seinen kleinen Banditissimus, hob ihn vor sich aufs Pferd und sprengte nach Braumau. Dort setzte er seinen Sohnemann vor dem Kloster der Benediktinermönche ab und begab sich stampfenden Schrittes mit drohend klirrenden Sporen gleich zum Pater Prior. „Hochwürden," sprach er mit dicker Stimme, „ich laß Euch das Jüngelchen zur Erziehung hier, damit ihr ihn speisen, sich schneuzen, tanzen, bitteschön und schewusäm sagen lehrt, und alles, was sich gehört, wenn jemand halt ein Kavalier ist. Hier," dröhnte er, „ist ein Sack Dukaten, Louisdor, Florentiner, Piaster, Rupien, Dublonen, Rubel, Taler, Napoleondor, Guineen, Talente Silber, holländische Gulden, Pistolen und Sovereigns dafür, damit er es hier **32** nicht schlechter hat als irgendein Prinz."

Mit diesem Worten machte er auf dem Absatz kehrt, heidi, zurück in die Wälder, und ließ den kleinen Banditissimus in der Pflege der Benediktinerpater zurück.

So lernte der kleine Banditissimus mit vielen Prinzen, Grafen und anderen wohlhabenden Jünglingen im Konvikt bei den Herren Patres. Der Dicke Pater Spiridon lehrte ihn richtig auf Deutsch „bitteschön" und „ergebener Diener" sagen, Pater Dominikus trichterte ihm alle möglichen französischen „trässcharmä" und „silwuplä" ein, Pater Amadeus brachte ihm alle Komplimente, Menuette, artige Manieren bei, und der Kantor Kraupner lehrte ihn sich schneuzen, daß es zart wie eine Flöte oder Schalmei klang und nicht mehr wie ein Kontrafagott, eine Posaune, Tromptete von Jericho, eine Fanfare oder eine Autohupe, wie der alte Banditissimus zu trompeten pflegte. Kurz, sie brachten ihm die allerfeinsten Manieren und erlesensten Raffinessen bei wie einem richtigen Kavalier. Der kleine Banditissimus war in seinem schwarzen Samtanzug mit dem weißen Spitzenkragen ein ausgesprochen hübscher Knabe und vergaß mit der Zeit ganz, daß er in einer Räuberhöhle in den wilden Brendabergen aufgewachsen war und sein Vater, der alte Räuber und Mörder Banditissimus, in ein Wolfsfell gekleidet einherging, nach Pferdestall roch und das rohe Fleisch mit den bloßen Händen aß, wie es Räuber zu tun pflegen.

Kurz, der junge Banditisimus nahm zu an Bildung und Schliff, und als er gerade beim besten Studium war, dröhnte Hufschlag vor dem Braumauer Kloster, vom Pferd sprang ein struppiger Knecht, pochte ans Tor, und sagte, als ihn der Bruder Pförtner einließ, mit roher Stimme, er käme den

33

jungen Herrn Banditissimus abholen, daß dessen Alter, der alte Banditissimus, im Sterben läge und seinen einzigen Sohn zu sich riefe, damit er ihm das Geschäft übergeben könne. Da nahm der junge Banditissimus mit Tränen in den Augen von den ehrwürdigen Benediktinerpatern nebst den jungen Herrchen und Studentlein Abschied und ritt mit dem Knecht in die Brendaberge, wobei er angestrengt überlegte, was für ein Geschäft ihm denn sein Vater vermachen wollte, wobei er sich insgeheim fest vornahm, dieses Geschäft gottgefällig, vornehm und mit vorbildlicher Höflichkeit gegen jedermann zu führen.

So trafen sie in den Brendabergen ein, und der Knecht führte den jungen Herrn zum Sterbebett des Vaters. Der alte Banditissimus lag in einer riesigen Höhle auf einem Haufen ungegerbter Rinderfelle unter einer alten Pferdedecke.

„Na endlich, Vinzenz, du lahme Ente," brachte er stoßweise hervor, „bringst du endlich meinen Jungen?"

„Teurer Vater," rief der junge Banditissimus und fiel aufs Knie, „möge Gott Euch noch lange Jahre zur Freude Eurer Nächsten und zum unaussprechlichen Stolz Eurer Nachkommen erhalten!"

„Langsam, mein Jung," meinte der alte Räuber, „Ich fahre heute zur Hölle und hab keine Zeit für deine süßen Redensarten. Ich habe immer gedacht, daß ich dir ein anständiges Vermögen hinterlassen kann, damit du ohne zu arbeiten dein Auskommen hast. Aber zum Donner, mein Jung, die letzten paar Jahre waren wirklich eine miserable Zeit für unser Handwerk!"

„Ach, Vater," seufzte der junge Banditissimus, „ich konnte ja nicht ahnen, daß Ihr darben mußtet."

34

„Schon gut," brummte der Alte. „mich plagt die Gicht, weißt du, da konnte ich keine weiten Raubzüge mehr unternehmen. Und die Straßen hier in der Nähe werden von allen Kaufleuten, diesen Spitzbuben, ängstlich gemieden. Höchste Zeit, daß ein Jüngerer meine Arbeit übernimmt."

„Teurer Vater," sprach der junge Herr eifrig, „ich schwöre Euch bei allem auf der Welt, daß ich Eure Arbeit übernehmen, sie ehrenhaft, willig und freundlich zu jedermann versehen will."

„Ich bezweifle, daß du da mit Freundlichkeit weiterkommst," brummte der Alte. „Ich habe es immer so gehalten, daß ich nur die abgemurkst habe, die sich wehren wollten. Aber Komplimente, mein Junge, habe ich niemandem gemacht; sowas paßt einfach nicht zu unserem Handwerk!"

„Und was, teurer Vater, ist denn Euer Handwerk?"

„Räuberei," stieß der Alte hervor und verstarb.

So stand der junge Banditissimus allein in der Welt, zutiefst niedergeschmettert - einesteils durch den Tod seines lieben Vaters, andernteils wegen seines Eids, mit dem er gelobt hatte, wie dieser ein Räuber zu werden.

Nach drei Tagen trat der struppige Knecht Vinzenz vor ihn, es sei nichts mehr zum Essen da und höchste Zeit, ein Stück ordentliche Arbeit in Angriff zu nehmen.

„Teurer Gesell," sprach der junge Banditissimus verzagt, „muß es denn wirklich sein?"

„Na klar," gab Vinzenz unwirsch zurück, „Männeken, hier bringt Euch kein Pfaffe die gebratenen Tauben auf den Tisch. Wer essen will, muß arbeiten."

So nahm denn der junge Banditissimus eine prachtvolle Pistole, schwang sich auf sein Pferd und ritt zur Straße, **35**

na sagen wir mal, zur Straße nach Banowitz. Dort legte er sich in den Hinterhalt und wartete auf einen Kaufmann, um ihn auszurauben. Und wirklich, nach ein paar Stündlein kam ein Tuchhändler daher, der Linnen nach Trautenau mitführte.

Der junge Banditissimus brach aus seinem Hinterhalt hervor und zog artig den Hut. Der Tuchhändler konnte sich nicht genug wundern, daß ihn so ein feiner Herr grüßte, zog ebenfalls seine Kappe und sagte: „In Ewigkeit Amen, junger Herr."

Banditissimus trat näher und zog noch einmal seinen Hut: „Mit Verlaub," sagte honigsüß, „ich hoffe, daß ich Euch nicht störe."

36

„Aber um Gotteswillen, nein," gab der Tuchändler bieder zurück, „womit kann ich zu Diensten sein?"

„Ich bitte Euch inständig, mein Herr," fuhr Banditissimus fort, „nicht zu erschrecken. Ich bin nämlich ein Räuber, der fürchterliche Banditissimus aus den Brendabergen."

Der Tuchhändler war mit allen Wassern gewaschen und erschrak nicht die Spur. „Sieh da," sagte er frohgemut, „da sind wir ja Kollegen. Ich bin nämlich auch ein Räuber, ich bin der Blutige Klingenfritze von Kosteletz. Ihr babt doch gewiß von mir gehört, oder?"

„Ich hatte noch nicht die Ehre," entschuldigte sich Banditissimus verlegen, „ich, verehrter Kollege, bin heute zum erstenmal hier. Ich habe nämlich den Betrieb meines Vaters übernommen."

„Aha," meinte Herr Klingenfritze, „vom alten Banditissimus aus den Brendabergen, nicht wahr? Das ist eine alte, renommierte Räuberfirma. Grundsolider Betrieb, Herr Banditissimus, da kann ich nur gratulieren. Aber wißt Ihr was, ich war ein guter Kamerad von Eurem Herrn Vater, Gott hab ihn selig. Neulich haben wir uns getroffen, da hat er gesagt: Weißt du was, Blutiger Klingenfritze, wir sind schließlich Nachbarn und Kollegen, da machen wir besser in aller Freundschaft halpart. Die Straße hier von Kosteletz bis Trautenau ist deine, auf der soll keiner rauben außer dir." Das haben wir mit Handschlag besiegelt, damit Ihrs nur wißt."

„Ach, ich bitte tausendmal um Vergebung," entschuldigte sich höflich der junge Banditissimus, „ich wußte wirklich nicht, daß dies Euer Revier ist. Es tut mir außerordentlich leid, meinen Fuß hineingesetzt zu haben."

„Für dieses Mal will ich noch mal ein Auge zudrücken," sagte der gewitzte Klingenfritze, „aber Euer seliger Herr Vater hat noch gesagt: „Weißt du, Blutiger Klingenfritze, wenn ich selbst oder einer meiner Leute auch nur einen Fuß in dein Revier setzt, so sollst du ihm Pistole, Mütze und Mantel nehmen als Denkzettel, daß dies hier deine Straße ist." So sprach der alte Gauner und hat mit die Hand darauf gegeben."

„Wenn das so ist," erwiderte der junge Banditissimus, „muß ich Euch mit allem Respekt bitten, diese ziselierte Pistole, mein Samtbarett mit Straußenfeder und dieses Wams aus englischem Samt anzunehmen zum Andenken sowie als Beweis meiner tiefsten Ehrerbietung und Reue, daß ich Euch eine solche Unanehmlichkeit bereitet habe."

„Her damit," gab Klingenfritze zurück, „dann will ich Euch noch einmal verzeihen. Aber das ist das letzte Mal! Hühott, meine Pferde! Lebt wohl, junger Herr!"

„Gott mit Euch, edler und väterlicher Herr," rief ihm der junge Banditissimus nach und kehrte nicht nur ohne Beute, sondern auch ohne das eigene Wams in die Brendaberge zurück. Der Knecht Vinzenz schimpfte ihn ganz fürchterlich aus und belehrte ihn, nächstens den ersten Besten, der ihm über den Weg lief, einfach zu erstechen.

Am anderen Tag legte sich der junge Banditissimus mit seinem spitzen Degen an der Straße nach Betschnik auf die Lauer. Nach einer geraumen Weile kam ein Fuhrmann mit einem bis unter die Plane beladenen Wagen daher.

Der junge Banditissimus trat hervor und rief: „Es tut mir leid, guter Mann, aber ich muß Euch erstechen. Ich bitte Euch, macht Euch behende bereit und sprecht noch ein Gebet."

Der Fuhrmann fiel auf die Knie, betete und überlegte angestrengt, wie er sich am besten aus der Patsche ziehen könnte. So betete er ein, zwei Vaterunser, doch fiel ihm nichts Schlaues dabei ein. Schon war er beim zehnten, zwölften Vaterunser, und immer noch nichts.

„Wohl auf, guter Mann," rief der junge Banditissimus und suchte seinem Ton Strenge zu geben, „seid Ihr bereit zu sterben?"

„Mitnichten," sagte der Fuhrmann zähneklappernd. „Ich bin nämlich ein gewaltiger Sünder, dreißig Jahre war ich nicht mehr in der Kirche, ich habe geflucht wie ein Heide, gelästert, was das Zeug hielt, Karten gespielt, auf Schritt und Tritt gesündigt. Aber wenn ich jetzt nach Politz zur Beichte gehen könnte, würde mir der liebe Gott vielleicht meine Sünden vergeben und meine arme Seele nicht in die Hölle verdammen. Wißt Ihr was? Ich fahre schnell nach Politz, und wenn ich gebeichtet habe, komme ich hierher zurück und Ihr könnt mich in aller Ruhe erstechen."

„Gut," stimmte Banditissimus zu, „ich warte solange hier bei Eurem Fuhrwerk."

„Ja," meinte der Fuhrmann, „aber lieber Herr, leiht mir doch Euer Roß, dann bin ich schneller wieder hier."

Auch damit war der höfliche Banditissimus einverstanden, und so schwang sich der Fuhrmann auf sein Roß und trabte nach Politz davon, während der junge Bandtitissimus des Fuhrmanns Gäule ausspannte und auf der Wiese weiden ließ.

Aber dieser Fuhrmann war ein Schalk und ritt nicht nach Politz zur Beichte, sondern nur ins nächste Wirtshaus, wo er erzählte, daß auf der Straße ein Räuber auf ihn wartete. Dann trank er sich im Wirtshaus Mut an und machte sich mit drei Knechten auf, dem Banditissimus heimzuleuchten. Die vier Kerle prügelten den armen Banditissimus windelweich und jagten ihn in seine Berge, so daß der höfliche Räubersmann nicht nur ohne Beute, sondern obendrein ohne sein eigenes Pferd in die Höhle zurückkehrte.

Alle guten Dinge sind drei, und so machte sich Banditissimus an die Náchoder Straße auf, einer Beute aufzulauern, die ihm der Zufall herbeiführte. Bald schon kam ein Wägelchen gefahren, mit einer Plane zugedeckt, auf dem ein Händler lauter Lebkuchenherzen auf den Jahrmarkt nach Náchod bachte. Wieder vertrat ihm der junge Banditissimus den Weg und schrie: „Ergib dich, Mensch, ich bin ein Räuber!", wie es ihn der struppige Vinzenz gelehrt hatte.

Der Handelsmann machte halt, kraute sich den Kopf unter der Mütze, hob die Plane an und rief in den Wagen: „Alte, hier ist so'n Herr Räuber."

Die Plane tat sich auf, eine dicke Marktfrau kam hervor, stemmte die Hände in die hüften und legte los: „Du Ausgeburt, du Ausbund, du Antichrist, du Aasgeier, du Bandit, du Bube, du Bösewicht, du Bluthund, du Dieb, du Dreckskerl, du Erzlump, du Ekel, du Filou, du Freibeuter, du Finsterling, du Gauner, du Grobian, du Goliath, du Grimmbart, du Gewaltverbrecher, du Himmelhund, du Haderlump, du Halsabschneider, du Hundesohn, was unterstehst du dich, ehrbare und anständige Leute zu überfallen?"

„Ich bitte um Vergebung, Madame", stammelte der verdatterte Banditissimus, „ich konnte nicht ahnen, daß in diesem Wagen eine Dame reist."

„Dame hin, Dame her," keifte die Marktfrau weiter, „du Isegrimm, du Irrwisch, du Janhagel, du Judassohn, du Kannibale, du Kaffer, du Kalbskopf, du Lausbube, du Langfinger, du Lumpenhund, du Lackel, du Lümmel, du Luzifer, du Leuteschinder, du Lotterbube, du Mameluck, du Mörder, du Menschenschinder, du Mordbrenner!"

„Ich bitte tausendmal und Verzeihung, daß ich Euch erschreckt habe, gnädige Frau" entschuldigte sich Banditissimus in seiner entsetzlichen Verlegenheit. „Träscharmä, 41

Madame, silvuplä, ich möchte Euch meines ergebensten Bedauern versichern, daß ä daß .."

„Pack dich, du Nichtsnutz, du Narr, du Ochsentreiber, du Oberlump, du Pinsel, du Penner, du Pappenheimer, du Patron, du Rohling, du Räuber, du Rüpel, du Satan, du Saufaus, du Strolch, du Schelm, du Schalk, du Schurke, du Schuft, du Schinderhannes, du Satansbraten, du Taugenichts, du Tunichtgut, du Tagedieb, du Tölpel, du Teufelsbraten, du Ungeheuer, du Untier, du Unmensch ..."

Mehr hörte der junge Banditissimus nicht mehr, denn er wandte sich zur Flucht und machte erst in seinen Brendabergen halt, und noch dort deuchte ihn, daß ihm der Wind etwas zutrug wie „Du Verbrecher, du Wegelagerer, du Windhund, du Wadenbeißer, du Zerberus, du Zottelbär, du Zigeuner ..."

Und so ging es in einem fort. Bei Ratiboritz überfiel der junge Räuber eine goldene Kutsche, in der die Ratiboritzer Prinzessin saß und so lieblich aussah, daß sich Banditissimus sogleich in sie verliebte und ihr - auf gütliche Weise - nur ein duftendes Tüchlein wegnahm. Davon wurde seine Bande in den Brendabergen auch nicht satt, das versteht sich von selbst. Ein andermal überfiel er bei Dürrwitz einen Metzger, der eine Kuh nach Aupitz zum Schlachthof trieb, und wollte ihn erschlagen. Der bat ihn, einen letzten Gruß an seine zwölf Waisen daheim auszurichten und bestellte an diese so rührende, edle und eindringliche Worte, daß Banditissimus in Tränen ausbrach und dem Metzger nicht nur die Kuh überließ, sondern ihm noch zwölf Dukaten aufnötigte, damit er jedem Kinde einen zum Andenken an den furchtbaren Banditissimus schenken konnte. Dabei war der

42

Metzger, dieser Schelm und Gauner, ein alter Junggeselle, der nicht einmal eine Katze, geschweige denn zwölf Kinder sein eigen nannte. Kurz und gut, jedesmal, wenn Banditissimus jemanden ermorden oder ausrauben wollte, kam ihm etwas dazwischen, was seine Höflichkeit und Mitgefühl hervorrief, so daß er niemandem etwas wegnahm, sondern nach und nach all sein Hab und Gut verschenkte.

So ging es freilich mit seinem Handwerk bergab; alle Spießgesellen, auch der struppige Vinzenz, waren ihm davongelaufen und hatten sich eine andere Arbeit gesucht; Vinzenz selbst hatte sich als Kleinknecht in der Hronover Mühle verdingt, die dort heute noch unterhalb der Kirche steht. Der junge Banditissimus war in seiner Räuberhöhle

43

in den Brendabergen mutterseelen allein, litt Hunger und wußte weder ein noch aus. Da fiel ihm schließlich der Herr Prior der Bendiktiner zu Braumau ein, der ihm damals doch so zugetan war, und er begab sich dorthin, um den hochwürdigen Herrn um Rat zu fragen.

Als er vor ihn trat, fiel er auf die Knie, weinte und erzählte, wie er seinem Vater auf dem Sterbebett geschworen habe, Reisende zu überfallen, daß er aber zu Höflichkeit und Sanftmut erzogen sei, und also niemanden wider dessen Willen totschlagen oder ausrauben könne. Was er denn nun anfangen solle?

Der Herr Prior nahm darauf zwölf Prisen Schnupftabak, eine nach der anderen, dachte zwölfmal nach und sprach sodann: „Lieber Sohn, ich kann dir nur gutheißen, daß du höflich und freundlich zu deinen Mitmenschen bist, aber Räuber darfst du nicht bleiben, zum einen, weil das eine Todsünde ist, zum anderen, weil du das gar nicht fertigbringst. Um aber den Eid nicht zu brechen, den du deinem Vater geschworen hast, sollst du auch weiterhin Reisende überfallen, doch das in aller Ehrbarkeit. Du pachtest dir einen Wegzoll, dort wirst du an der Straße lauern, und wenn jemand gefahren kommt, trittst du ihm in den Weg und nimmst ihm zwei Kreuzer Wegzoll ab. Damit hat es sich. Bei diesem Handwerk kannst du nach Leibeskräften und Herzenslust höflich sein.“

Dann schrieb der Herr Prior einen Brief an den Herrn Kreishauptmann nach Trautenau, in dem er ein gutes Wort für den jungen Bandititssimus einlegte, der Herr Hauptmann möge ihm doch irgendeine Mautstation anvertrauen. Mit diesem Schreiben begab sich Banditissimus auf die Kreishauptmannschaft nach Trautenau und bekam wirklich die Maut an der Straße nach Hinterwalden. So wurde aus dem höflichen Räuber ein Wegzolleinnehmer, der Fuhrwerke und Kutschwagen überfiel und von diesen in aller Ehrbarkeit zwei Kreuzer Wegzoll eintrieb.

Einen ganzen Haufen Jahre später fuhr der Braumauer Herr Prior im Landauer den Herr Pfarrer in Aupitz besuchen. Er freute sich schon darauf, an der Maut in Hinterwalden den höflichen Banditissimus wiederzusehen und ihn nach seinem Ergehen zu fragen. Und in der Tat, am Wegzoll trat ein bärtiges Mannsbild an den Wagen - Banditissimus in Person - und hielt, unfreundlich ein paar Worte brummend, die Hand hin.

Der Herr Prior griff in die Tasche, aber da er nun recht dick war, mußte er mit einer Hand den Bauch anheben, um mit der anderen in die Hosentasche zu gelangen, so daß es ein Weilchen dauerte, ehe er seinen Geldbeutel gezückt hatte.

Da fuhr ihn der Banditissimus mit grober Stimme an: „Wirds bald? Wie lange soll ich denn auf die zwei Kreuzer warten?"

Der Prior suchte in seinem Geldbeutel und sprach: „Ich habe aber keine Kreuzer; guter Mann, Ihr müßt mir auf einen Sechser herausgeben."

„Potz Donner" polterte Banditissimus los, „habt Ihr keine Kreuzer, so habt ihr hier nichts zu suchen! Entweder zwei Kreuzer her, oder schert Euch dahin, wo Ihr hergekommen seid!"

„Banditissimus, Banditissimus," sprach der Prior betrübt, „erkennst du mich nicht? Wo ist denn deine Höflichkeit geblieben?"

45

Banditissimus stutzte, denn erst jetzt erkannte er den Herrn Prior. Er brummte ein böses Wort, doch dann überwand er sich und sprach: „Hochwürden, wundert Euch nicht, daß ich nicht mehr höflich bin. Habt Ihr je einen Mautner, Weg - und Brückenzolleinnehmer, Steuereintreiber oder Gerichtsvollzieher gesehen, der nicht ein wenig brummig war?"

„Das stimmt," gab der Prior zu, „so einen habe ich noch nie gesehen."

Und damit ist das Märchen vom höflichen Räuber aus; er ist vielleicht schon gestorben, doch seine Nachfahren könnt ihr an vielen, vielen Orten antreffen. Ihr erkennt sie daran, daß sie euch gar bereitwillig anbrummen, anpöbeln oder ausschimpfen, auch wenn sie keinen Grund dazu haben. Und das sollte eigentlich nicht sein.

DAS MÄRCHEN VOM GLÜCKLICHEN BÄUERLEIN

Um gleich die Wahrheit zu sagen, dieses Bäuerlein, Jíra hieß der Mann und hatte eine Kate in Marschov, war kein bißchen glücklich; ganz im Gegenteil, er hielt sich immer für den unglücklichsten, elendesten Menschen auf der Welt. Alles, was recht ist - der Jira war nicht gut dran; er besaß gerade nur eine alte Kuh, eine stößige Ziege, einen zahnlosen Hofhund und einen Acker, das war alles. Damit ließen sich keine großen Sprünge machen, das seht ihr doch ein. Zu alledem hatte er so ein verflixt unzufriedenes Herz, das ihm unausgesetzt überging: Von wegen, er hätte ja überhaupt nichts, und die anderen haben alles in rauhen Mengen, und wie er schuften und sich kümmern muß und daß bei all der Arbeit am Ende doch nichts rauskommt, und daß er am liebsten alles hinschmeißen und abhauen oder das Zeitliche segnen würde, und noch andere solche

47

gottlosen Reden mehr. Seine Frau, die alte Jírová, redete ihm immer gut zu: „Versündige dich nicht, Mann," pflegte sie zu sagen, „lästere nicht und nimm lieber die Hacke da oder die Sichel und geh Gras für die Ziege mähen; dein Klagen und Lamentieren ist doch nicht zum Aushalten! Ich will nichts mehr hören, du Heulsuse, du Maulfechter, du Jammerlappen, du ewig unzufriedener Bauerntölpel!" So und noch anders redete ihm die alte Jírová weise zu, doch half es nichts: Jíra lästerte und lamentierte weiter und dachte sich außerdem, er hätte ein böses, keifendes Weib, daß ihm noch zusetzte. Und so kam er sich noch unglücklicher vor.

Einmal, als er Kartoffeln häufeln mußte, begann er wieder zu jammern, wie er, Jíra, schwer schuften müsse und die anderen es gut hätten und so. Als ihm seine Frau zuredete (und die konnte das gut; sie hätte auf der Stelle Dechant werden können, so gute Predigten konnte die halten), wurde er wütend, warf die Hacke hin, sagte, daß er jetzt geht und nicht mehr wiederkommt, machte sich auf und ging wirklich.

So kam er bis Aupitz schnurstracks in Faltas Wirtshaus. Dort saß er dann, war wütend, guckte bitterböse drein und trank, um seine Wut zu ersäufen. Als die Wut ersäuft war, meldete sich die Trübsal, und er trank, um die Trübsal herunterzuspülen. Als die Trübsal heruntergespült war, keimten in ihm gute Vorsätze. Die mußte Jíra noch ein wenig begießen, damit sie nicht verdorrten. Alles in allem genommen, trank er reichlich über den Durst, und der Wirt riet ihm, schlafen zu gehen. Das ist leichter gesagt als getan, wenn nämlich jemand über den Durst getrunken hat und es noch dazu Nacht ist, verflixt, Jungs, dann fällt das Gehen schwer! Der Jíra probierte alles aus: ob man besser im Straßengraben oder auf der Straße geht, auf allen Vieren oder auf nur zwei Beinen, geradeaus oder im Zickzack. All das probierte er aus, bis er am Aupitzer Friedhof angelangt war. Dort setzte er sich an den Wegrand und begann zu jammern.

Über dem Friedhof ging der Mond auf und hüllte die Landschaft in sein wehmütiges, mildes Licht. Jíra blickt zu ihm auf und brach in lautes Wehklagen aus, er hielte es nicht mehr aus, er hätte eine böse Ziege, eine böse Frau und ein böses Leben, sein Acker würde keine Ernte und seine Kuh keine Milch geben, der Hund nicht bellen und die Kartoffeln nicht von selbst in den Keller kullern, er sei arm, elend und unglücklich, hätte Durst und der Wirt Falta hätte ihn heimgeschickt und der Nachbar Tomesch hätte lauter Glück und der Häusler Matejka mästete sogar ein Schwein und nur er, der Jíra, wäre von Gott verlassen, der ihm hier die Hölle auf Erden bereitet hätte.

Da erscholl durch die Nacht die Stimme Gottes: „Klage nicht, Jíra!"

Aber der Jíra gab nicht klein bei. „Was denn, was denn," fuhr er noch lauter fort, „ich schufte wie verrückt und komme auf keinen grünen Zweig, sogar der Pflaumenbaum ist mir verdorrt, meine Hühne legen ihre Eier beim Nachbarn Tomesch, das Netz ist mir kaputtgegangen, meine Frau mault immer nur herum, und drüben in Libnatov der Schulmeister, der ist ein gemachter Mann, und hier der Dechant in Aupitz ist auch fein raus, jeder ist besser dran als ich. Nur ich habe immer Pech und Unglück und Elend und

Durst und kann nicht mal den Heimweg finden. Ist das vielleicht gerecht?"

„Klage nicht, Jíra," ließ sich Gottes Stimme zum zweiten Mal vernehmen.

„Jetzt erst recht," gab der Jíra zurück, „ich bin auf der ganzen Welt am schlimmsten dran. Spiele ich Lotto, verliere ich immer; spiele ich Karten, einfach Schafskopf oder Siebzehn und Vier, verliere ich auch; wenn ich meines Weges gehe, finde ich nie einen Dukaten, überhaupt nichts, rein gar nichts. Bei mir geht alles schief, bei mir klappt nie was, bei mir geht nie was in Erfüllung. Wenn mir nur einmal, lieber Gott, nur ein einziges Mal was in Erfüllung ginge, würde ich das Maul halten und nicht lamentieren, aber jetzt muß ich lamentieren. Ich bleibe dabei, das ist reine Ungerechtigkeit."

„Versündige dich nicht, Jíra," sprach Gottes Stimme ein drittes Mal. „Damit du aber siehst, wie unendlich meine Güte und Nachsicht ist, will ich dir drei Wünsche erfüllen. Dreimal darfst du dir etwas wünschen, und das geht in Erfüllung, egal, was es auch sei."

„Da möchte ich also," stieß Jíra hervor, aber die himmlische Stimme brachte ihn zum Schweigen:

„Warte nur, Jíra, nicht so eilig. Erwäge es gut, damit du nicht ein törichtes oder unwürdiges Ding von meiner Güte forderst. Warte wenigstens, bis du wieder ordentlich bei Sinnen bist. So, und nun mach, daß du nach Hause kommst!"

Die Stimme verstummte und Jíra machte sich auf den Weg nach Marschov. „Das stimmt," sagte er bei sich, „ich

Echter

muß mir gründlich überlegen, was ich mir wünschen will, damit sich das auch lohnt. Wie wärs mit einer neuen Frau? Zwanzig Kühe? So eine Flinte, wie sie der Hawlowitzer Oberförster hat? Eine goldene Uhrkette über den Bauch?" - Dem Jíra schoß alles durch den Kopf, was er sich je im Leben gewünscht hatte: ein sechsteiliges Taschenmesser mit Schere und Korkenzieher; eine Meerschaumpfeife, ein Auto, das Schloß Ratiboritz, die Fabrik in Sychrov, Glück beim Kartenspiel, ein Grammophon, einen Pelz, einen Jagdhund oder einen Billardtisch, ein Faß Wein, eine Million in bar, zwei Pferde, einen Hut mit Gamsbart, ein Abgeordnetenmandat, das ganze Königreich Böhmen oder wenigstens die Bürgermeisterwürde in Marschov, ein Plüschsofa, eine Spieluhr, sechs Fässer voll Gold, einen geschnitzten Spazierstock, einen Springbrunnen auf dem Hof, eine elektrische Lampe, die ganze Herrschaft Náchod, jeden Tag Schweinebraten mit Kraut und Bier, oder einfach eine Schreibmaschine. Liebe Gott im Himmel, es gibt so viele schöne und gute Dinge auf der Welt, was sollte er sich nun schnell wünschen?

Dem Jíra wurde ganz schwindelig. „Vorsicht, Jíra," sagte er sich immer wieder, „damit du dir am Ende keine Dummheit wünschst! Ich sollte mich mit meiner Frau beraten, die ist schließlich nicht unvernünftig und denkt sicher was Ordentliches aus. Na, und wenn ich drei Wünsche habe, überlasse ich ihr einen; vielleicht will sie ein Seidenkleid oder eine Nähmaschine. Die soll auch was abkriegen!"

Unter diesen Gedanken trottete Jíra bergauf seinem Heimatdorf entgegen. Es war schon spät in der Nacht, die bleischweren Füße stolperten immer wieder und im Kopf drehte sich alles. Er blickte sich um, im Mondlicht kam ihm die Landschaft neu und unbekannt vor. Er erschrak, er hätte sich womöglich verlaufen und sei ganz weit weg. Da seufzte er laut: „Lieber Gott, ich wollte, ich wäre zu Hause!"

Kaum waren die Worte heraus, war er zu Hause in seiner Kate am Dorfrand von Marschov. Das erkannte er am heimischen Mief, denn im Flur war es stockdunkel. Da begriff Jíra, daß er den ersten Wunsch vergeudet hatte. „Na schön," tröstete er sich, „bleiben mir noch zwei; jetzt werd ich aber verdammt aufpassen, daß ich mir nichts wünsche. Erst schlaf ich mich aus, und morgen früh wünsch ich mir zwei Dinge; vielleicht ein Grammophon und das Königreich Böhmen, oder besser doch einen Billardtisch und den Schweinebraten. Aber wie soll ich mich denn auskleiden, wenn es hier so stockduster ist? Wo ist denn überhaupt das Bett? Erst mal einen Schluck Wasser. Lieber Gott, wenn ich nur wüßte, wo meine Alte die Zündhölzer hingetan hat!"

Kaum war der Gedanke zu Ende gedacht, hielt er die Zündholzschachtel in der Hand. „Potz Donner," erschak Jíra, „Schon der zweite Wunsch futsch! Da hab ich aber was angestellt! Mann, jetzt hab ich nur noch einen einzigen! Jetzt muß ich mir schnell was ganz besonders Gutes wünschen, was sich richtig lohnt! Wie wärs, wenn ich mir wünschte, ich wäre der König von Böhmen? Tja, aber das ist nicht so einfach. Wenn meine Frau morgen als Königin aufwacht, erschrickt sie zu Tode; und dann hätte sie so viel Gesinde, Lakaien, Minister und Heerführer am Hals, für so viele Leute kochen, das ist kein Kinderspiel. Ich muß sie erst fragen, ob sie Königin werden will. Und die schläft wie ein Murmeltier! Lieber Gott, wenn meine Alte doch wach würde!"

53

Kaum hatte er das Wort gesagt, setzte sich seine Frau im Bett auf und fuhr ihn an: „Warum weckst du mich, du Zechbruder, du Saufaus, und wildgewordener Häusler?"

Da erkannte Jíra, daß er seinen dritten Wunsch ausgesprochen hatte und er weiter nichts mehr fordern konnte. Erst wollte er gräßlich fluchen, doch dann sah er mit einen Mal, wie abgehärmt und gequält sein Frau aussah, und es tat ihm furchtbar leid, daß er sie nicht mehr zur Königin von Böhmen machen oder ihr ein Seidenkleid anschaffen konnte. Er trat zu ihr, strich ihr übers graue Haar und sprach: „Mach dir nichts draus, Mariechen, weißt du, ich habe dich geweckt, um dich zu bitten, daß du mir nicht böse bist, ich will auch nicht mehr wütend sein und nicht mehr lamentieren, ich will künftig das Maul halten und schuften wie verrückt und alles, was du willst."

„Jíra," meinte darauf die alte Jírová, „wenn du das man durchhältst und nicht wieder anfängst, dich selbst und uns beide zu grämen."

„Halt ich durch," erklärte Jíra feierlich, „ich will nie wieder böse und unzufrieden sein."

Seht ihr, Jungs, der Jíra hat wirklich durchgehalten und war seither ein glückliches Bäuerlein; und da er sich um seine eigenen Dinge kümmerte, ging es ihm seither besser, auch wenn er nicht Bürgermeister in Marschov geworden ist und sich weder ein Grammophon noch ein Auto anschaffen konnte. Aber ein sechsteiliges Taschenmesser hat er sich gekauft und es glücklich bis an sein Lebensende benutzt.

DAS GROSSE POLIZEIMÄRCHEN

Ihr wißt doch sicher, daß auf jeder Polizeiwache oder jedem Revier einige Schutzmänner die ganze Nacht lang wach sind, damit nichts passiert, wenn irgendwo Einbrecher kommen oder böse Leute jemandem Schaden zufügen wollen. Deshalb sind also die Herren Schupos auf der Wache bis zum Morgen wach, während andere Schutzmänner, die Streife genannt werden, durch die Straßen gehen und auf Räuber, Diebe, Gespenster und ähnliches Gelichter aufpassen. Und wenn so einer Streife allmählich die Füße wehtun, kehrt sie auf die Wache zurück und ein anderer Schutzmann geht auf die Straße aufpassen. So geht es die ganze Nacht; damit die Zeit schneller verstreicht, rauchen die Schutzmänner auf der Wache ihre Pfeifen und erzählen sich, wo sie was Interessantes gesehen haben.

So schmauchten und klönten sie einmal, als ein Schutzmann, ich glaube, es war Herr Halaburd, von der Streife kam und sagte: „'n Abend, Jungs! Ich melde, daß mir die Füße wehtun."

55

„Na dann setz dich mal hin," befahl der Herr Oberwachtmeister, „an deiner Stelle geht jetzt der Herr Holas los. So, Herr Halaburd, jetzt erzähl mal, was es in deinem Revier Neues gibt und in was für Fällen du im Namen des Gesetzes einschreiten mußtest."

„Heute Nacht war nicht viel los," begann Herr Halaburd. „in der Stephansgasse balgten sich zwei Katzen; die habe ich im Namen des Gesetzes auseinandergejagt und verwarnt. Dann ist in der Roggengasse ein junger Spatz aus dem Nest gefallen, wohnhaft in der Nr. 23. Ich habe die Altstädter Feuerwehr gerufen, die hat mit der Feuerleiter besagten Spatzen wieder in sein Netz zurückgebracht. Die Eltern habe ich verwarnt, von wegen Aufsichtspflicht und so weiter. Als ich dann die Gerstengasse hinunterging, zupfte mich etwas am Hosenbein. Als ich hinschaute, war es ein Wichtelmann, der vom Karlsplatz mit dem langen Bart."

„Welcher?" wollte der älteste Schutzmann wissen. „Da wohnen mehrere. Seifenbart, Kolbaba genannt Opa, Butzblank, Milchbart, Knirps, Rumpeldumpel genannt Pfeife, Hühnerbein und Winzling, der ist von St. Apollinarius dorthin umgezogen."

Der mich da am Hosenbein packte," berichtete Herr Halaburd, „war der Milchbart, der in der alten Weide wohnt."

„Aha", sagte der älteste Wachtmeister, „Jungs, das ist ein ganz braver Kobold, dieser Milchbart. Wenn jemand auf dem Karlsplatz etwas verliert, sagen mir mal, einen Ring oder einen Ball, dann gibt ihn der Milchbart als ehrlicher Finder immer beim Parkwächter ab. Und weiter?"

„Also dieser Kobold, dieser Milchbart," fuhr Schutzmann

Halaburd fort, „sagte mir: ‚Herr Wachtmeister' ich kann nicht

nach Hause, in meiner Wohnung auf dem Weidenbaum hat sich ein Eichhörnchen eingenistet und will mich nicht reinlassen.' - Da habe ich mir gesagt: Säbel blank! und bin mit dem Milchbart zu dessen Weide gegangen und habe das Eichhorn im Namen des Gesetzes aufgefordert, die Behausung zu verlassen und sich aller derartigen Verbrechen, Vergehen, Straftaten und Übertretungen wie Haus- und Landfriedensbruch, Störung der öffentlichen Ordnung, Gewaltanwendung und Spitzbübereien zu enthalten. Das Eichhörn-

57

chen sagte darauf nur: ‚Da können Sie lange warten.' Ich, nicht faul, habe das Koppel abgeschnallt, den Mantel abgelegt und bin auf die Weide geklettert. Als ich oben beim Astloch ankam, in dem der Milchbart seine Wohnung hat, begann das Eichhorn zu flennen: ‚Bitte, bitte, Herr Wachtmeister, sperren Sie mich nicht ein! Ich habe bei Herrn Milchbart nur Zuflucht gesucht, weil es bei mir in die Wohnung einregnet.' - ‚Reden Sie doch keinen Quatsch, gute Frau,' hab ich gesagt, ‚Packen Sie man schön Ihre Siebensachen und scheren Sie sich aus der Behausung von Herrn Milchbart. Sollte es noch einmal vorkommen, daß Sie mit Gewalt oder Arglist ohne dessen Zustimmung und Einverständnis bei ihm eindringen, lasse ich Verstärkung kommen, Sie umzingeln, verhaften und in Handschellen aufs Polizeipräsidium bringen. So, und jetzt raus!' - Mehr war heute Nacht nicht los."

„Ich habe noch nie im Leben einen Wichtelmann gesehen," ließ sich der Schutzmann Bambas hören, „ich habe vorher auf dem Dejwitzer Revier Dienst getan, und in diesen Neubauhäusern dort gibt es keine solchen Wesen, Erscheinungen, Phänomene oder wie man das nennt, da gibts keinen Spuk."

„Hier gibt es jede Menge," sagte der älteste Schutzmann. „Und früher erst, au Mann! Zum Beispiel am Schitkauer Wehr hauste seit Menschengedenken ein Wassermann. Mit dem hatte die Polizei nie Scherereien, so ein ordentlicher Wassermann war das. Der Wassermann von Liben ist ein altes Schlitzohr, aber der vom Schitkauer Wehr, das war ein achtbarer Mann. Schließlich hat ihn das Wasseramt der Stadt Prag zum Oberstadtwassermann ernannt und ihm ein

58

Monatsgehalt gezahlt. Der Schitkauer Wassermann mußte auf die Moldau aufpassen, daß sie nicht austrocknete. Hochwasser hat der nie gemacht, daran waren immer die Wassermänner auf dem Land am Moldauoberlauf schuld, zum Beispiel der Krumauer und Klingenberger Wassermann. Aber der Libener Wassermann war neidisch und hat ihn schließlich aufgehetzt, er sollte von der Prager Stadtverwaltung für seine treuen Dienste Titel und Gehalt eines Magi-

59

stratsrats verlangen; doch als sie ihm auf dem Rathaus sagten, daß das nicht geht, weil er nicht die vorgeschriebene Hochschulbildung besitzt, ist der Schitkauer Wassermann sauer geworden und hat Prag verlassen. Ich habe gehört, der macht jetzt in Dresden Wasser. Alle Elbwassermänner in Deutschland bis nach Hamburg hinauf sind schließlich Tschechen, das weiß doch jedes Kind. Aber seit jener Zeit haust am Schitkauer Wehr kein Wassermann

60

mehr. Deshalb steht in Prag das Wasser manchmal so niedrig. Und dann tanzten des nachts auf dem Karlsplatz Irrlichter. Das konnte nicht gutgehen, die Leute in der Nachbarschaft begannen sich zu fürchten, und so hat die Prager Stadtverwaltung mit ihnen ausgemacht, daß sie in den Baumgarten hinüberwechseln, wo sie ein Angestellter von den Gaswerken anzündet und jeden Morgen auslöscht. Dieser Laternenanzünder mußte aber im Krieg zum Militär einrücken, und heute sind die Irrlichter einfach vergessen. Was die Elfen anbelangt, gab es allein im Baumgarten siebzehn Stück; drei davon sind zum Ballett gegangen, eine zum Film und eine hat einen Eisenbahner aus Streschowitz geheiratet. Drei Elfen gibt es in Kinsky-Garten, zwei sind noch im Gröbenpark tätig und eine hält sich im Hirschgraben auf. Der Stadtgärtner vom Riegerpark wollte eine Elfe in seinen Anlagen unterbringen, doch hat die sich da nicht halten können, ich glaube, der war es da zu windig. - Polizeilich gemeldete Wichtel- und Heinzelmänner, die in öffentlichen Gebäude, Anlagen, Klöstern und Bibliotheken ansässig sind, gibt es in Prag dreihundertsechsundvierzig, nicht gerechnet die Heinzelmännchen in Privathäusern, die kommen in der Polizeistatistik nicht vor.

- Gespenster gab es in Prag früher jede Menge, aber heute sind sie abgeschafft, denn mittlerweile wurde wissenschaftlich nachgewiesen, daß es keine Gespenster gibt. Nur noch auf der Kleinseite gewähren manche Leute heimlich und vorschriftswidrig ein paar altertümlichen Gespenstern auf den Dachböden Unterschlupf, wie mir neulich ein Kollege vom Kleinseitner Kommissariat erzählt hat. Soviel ich weiß, ist das alles.“

61

„Abgesehen von diesem Drachen oder Lindwurm," sagte Wachtmeister Kubát, „den sie in Žižkov bei den Kalköfen erlegt haben."

„Žižkov," meinte er älteste Schutzmann, „das war nie mein Revier, von dem Drachen weiß ich so gut wie nichts."

„Ich war damals dabei," meldete sich Wachtmeister Kubat zu Wort, „aber den ganzen Fall hatte Kollege Glupschberger in Arbeit. Das ist schon lange her, das war damals, als der olle Bienert noch Polizeipräsident war. Eines abends sagte eine gewisse Frau Tratschenbeck, die im Büdchen an der Ecke Zeitungen und Tabak verkaufte, aber eher eine Wahrsagerin, Kartenlegerin und alte Hexe war, damit ihrs nur wißt, also da sagte die Frau Tratschenbeck dem Kollegen Glupschberger, sie hätte in den Karten gelesen, daß da oben bei den Kalköfen der Drache Huldabord eine wunderschöne Jungfrau gefangenhält, die er deren Eltern entführt hatte, und daß diese Jungfrau die Prinzessin von Schmurzianien ist. ‚Schmurzianien oder nicht,‘ sagte Wachtmeister Glupschberger, ‚dieser Drache muß das Mädchen den Eltern zurückgeben, sonst werde ich von Amts wegen, dienstlich und vorschriftsmäßig gegen ihn einschreiten.‘ Mit diesen Worten schnallte er sich den Dienstsäbel um und ging zu den Kalköfen. Ich glaube, so hätte jeder von uns gehandelt."

„Meine ich auch," sagte Wachtmeister Bambas. „Aber ich hatte in Dejwitz und Streschowitz nie mit einem Drachen zu tun. Also weiter."

„Der Kollege Glupschberger," fuhr Wachtmeister Kubát fort, „schnallte sich also das Seitengewehr um und ging noch in der selben Nacht zu den Kalköfen. Und bei meiner

Seele, aus einem Loch oder Stollen hörte er verschiedene rauhe Stimmen. Er leuchtete mit seiner Diensttaschenlampe hinein und erblickte einen fürchterlichen Drachen mit sieben Köpfen. Und diese sieben Köpfe redete, zankten und schimpften miteinander - so ein Drache hat keine Manieren, und wenn, dann nur üble. Und in einem Winkel dieser Höhle weinte eine wunderschöne Jungfrau und hielt sich die Ohren zu, um nicht anhören zu müssen, wie die Drachenköpfe mit groben Stimmen einander anpöbelten.

‚He, Sie da,' sprach Kollege Glupschberger den Drachen zwar höflich, aber mit dienstlicher Strenge an, ‚zeigen Sie mal Ihre Papiere her, Ihren Personalausweis, und wenn Sie den nicht haben, Ihren Heimat-, Führer- oder Waffenschein!'

Ein Drachenkopf feixte, einer lästerte, einer fluchte, einer schimpfte los, einer maulte, einer johlte, und der letzte streckte dem Glupschberger die Zunge heraus. Aber der Kollege Glupschberger ließ sich nicht abwimmeln und rief: ‚Im Namen des Gesetzes, Sie kommen mit zur Polizeiwache, aber flott, Sie und die Göre da hinten.'

‚Man immer langsam, du oller Bulle,' schnauzte ein Drachenkopf zurück, ‚weißt du elender Menschenwurm überhaupt, wer ich bin? Ich bin der Drache Huldabord.'

‚Huldabord aus den Bergen von Granada,' grummelte der zweite Kopf.'

‚Auch der Große Lindwurm von Mulhazenien genannt,' trumpfte der dritte Kopf auf.

‚Ich verschluck dich wie eine Himbeere,' drohte der vierte Kopf.

‚Ich reiß dich in Stücke, mach dich zu Grus und Mus, zu Hackepeter, reiß dich in zwei Hälften wie einen Hering, daß die Fetzen fiegen,' donnerte der fünfte Kopf.

‚Und ich dreh dir den Hals um,' tönte der sechste.

‚Dann ist zappenduster,' setzte der siebente Kopf mit Grabesstimme hinzu.

Was meint ihr, Jungs, was der Kollege Glupschberger nun gemacht hat? Meint ihr, der wäre bange geworden? Nicht die Bohne! Als er sah, daß hier im Guten nichts auszurichten war, griff er zu seinem dienstlichen Schlagstock oder Gummiknüppel und zog einem Drachenschädel nach dem

anderen aus Leibeskräften eine über; und Kraft hatte Glupschberger für drei.

‚Au Mann,‘ sagte der erste Kopf, ‚das ist nicht übel!‘

‚Mich juckt was auf dem Scheitel,‘ meinte der zweite.

‚Und mich hat gerade eine Filzlaus in den Nacken gebissen,‘ höhnte der dritte.

‚Schätzchen,‘ feixte der vierte, ‚kitzle mich noch einmal mit dem Stöckchen!‘

65

‚Aber du mußt kräftiger zuhauen,‘ riet ihm der fünfte, ‚damit es besser klatscht.‘

‚Ein bißchen weiter links,‘ bat der sechste, ‚da juckt es mich.‘

‚Für mich ist deine Weidenrute viel zu weich,‘ meinte der siebente, ‚hast du nicht was härteres?‘

Da zog Glupschberger den Säbel blank und schlug sieben- mal zu, auf jeden Kopf einmal, daß die Schuppen klirrten.

‚Das war schon besser,' sprach der erste Drachenkopf.

‚Du hast wenigstens einer Laus ein Ohr abgehackt,' lobte der zweite, ‚meine Läuse sind nämlich aus Eisen.'

‚Und mir hast du genau das Haar, das mich so juckte, abgehackt,' sprach der dritte.

‚Und mir hast du den Scheitel gezogen,' lobte der vierte.

‚Mit diesem Kämmchen könntest du mich jeden Tag kitzeln,' brummte der fünfte.

‚Das war so federleicht, ich hab gar nichts gespürt,' sprach der sechste.

‚Menschenskind,' sagte der siebente Kopf, ‚kitzle mich bitte noch einmal!'

Da zog der Polizist seinen Revolver und schoß siebenmal, eine Kugel auf jeden Drachenkopf.

‚Kruzitürken', ächzte der Drache, ‚du sollst nicht mit Sand werfen, sonst muß ich mir schon wieder die Haare waschen! Verflixt, mir ist ein Körnchen ins Auge geflogen! Ich habe einen Krümel zwischen die Zähnchen bekommen! Stop, jetzt habe ich die Nase voll' brüllte der Drache, hustete aus allen Kehlen und spie aus allen sieben Mäulern Feuer auf den Kollegen Glupschberger.

Aber Kollege Glupschberger ließ sich nicht unterkriegen. Er zog die Dienstvorschrift hervor und las nach, was ein Polizist tun muß, wenn jemand Widerstand gegen die Staatsgewalt leistet. Da stand, daß er Verstärkung rufen soll. Dann suchte er in den Vorschriften, was er tun muß, wenn irgendwo die Flammen schlagen, und da stand, daß er die Feuerwehr alarmieren soll. So hat er fein nachgelesen, was er alles tun soll, und dann die Feuerwehr sowie Poilzeiverstärkung herbeigerufen. Als Verstärkung sind unser sechs

67

im Laufschritt angetrabt, die Kollegen Rabas, Holas, Matas, Kudlas, Firbas und ich; der Kollege Glupschberger hat uns gesagt: ‚Jungs, wir müssen das Mädchen da aus der Gewalt des Drachens befreien. Der ist zwar gepanzert, da ist jeder Säbel zu schwach, aber ich habe beobachtet, daß der Drache hinten im Genick etwas weicher ist, damit er den Kopf bewegen kann. Ich zähle bis drei, dann müßt ihr ihn mit dem Säbel ins Genick hauen. Aber vorher muß die Feuerwehr den Drachen löschen, damit er uns nicht die Uniformen versengt.‘ Kaum hatte er das gesagt, kamen mit tatü tata sieben Feuerspritzen mit sieben Feuerwehrmännern darauf zu den Kalköfen gerast. ‚Feuerwehrmänner, Achtung,‘ rief der unerschrockene Wachtmeister Glupschberger, ‚ich rufe: Wasser Marsch, dann spritzt jeder auf einen Drachenschädel. Ihr müßt genau in den Rachen zielen, dahin, wo der Drache die Mandeln hat, denn da kommt das Feuer raus. Achtung, Wasser Marsch!‘ und als er ‚Marsch‘ gesagt hatte, spritzten die Feuerwehrmänner Wasser Marsch, volles Rohr sieben Wasserstrahlen geradewegs in die sieben Drachenmäuler, aus denen Feuer wie aus Schneidbrennern sprühte. Schschsch, hat das vielleicht gezischt! Der Drache fauchte, schnaubte und prustete, hustete, schluckte und fluchte, röchelte, räusperte, grunzte, ächzte und krächzte, stöhnte, sprühte, zischte, rief: ‚Mammi!‘ und schlug wild mit dem Schwanz um sich. Doch die Feuerwehrmänner ließen nicht locker und spritzten, bis aus den sieben Drachenköpfen anstelle von Feuer nur noch Dampf wie aus einer Lokomotive zischte, so daß man nicht die Hand vor den Augen sehen konnte. Als der Dampf sich hob, drehten die Feuerwehrmänner ihre Spritzen zu, hup-

ten und fuhren heim; der Drache, pudelnaß und schlaff,
prustete, spuckte, wischte sich das Wasser aus den Augen
und brummte: ‚Wartet nur, das werde ich euch heimzah-
len!‘ Aber da rief Kollege Glupschberger: ‚Achtung,
Jungs, eins, zwei, drei!‘ Und bei ‚drei‘ haben alle Polizisten
auf einmal mit dem Säbel in die Drachengenicke geschla-
gen, daß sich sieben Drachenköpfe am Boden wälzten; aus
den sieben Hälsen schoß wie aus Hydranten das Wasser,

69

das die Feuerwehr vorher in den Drachen gespritzt hatte. ‚Kommense man schön, Frollein,' sagte der Kollege Glupschberger zu der schmurzianischen Prinzessin, ‚aber passense auf, daß Sie sich das Kleid nicht naßmachen.'

‚Ich danke dir, edler Held,' antwortet das Fräulein, ‚daß du mich auch der Gewalt des Drachens befreit hast. Ich spielte gerade mit meinen Gespielinnen im Schloßpark von Schmurzianien Volleyball, Handball, Diabolo und Verstecken, als auf einmal dieser dicke, alte Drache geflogen kam und mich ohne anzuhalten hierhin entführt hat.'

‚Und welche Route sind Sie denn geflogen, Fräulein?' wollte Kollege Glupschberger wissen.

‚Über Algier und Malta und Konstantinopel und Belgrad und Wien und Znaim und Čáslau und Zabelitz und Straschnitz bis hier, in zweiunddreißig Stunden siebzehn Minuten und fünf Sekunden nonstop und netto' gab die schmurzianische Prinzessin zurück.

‚Alle Achtung, da hat der Drache aber den Rekord im Langstreckenflug mit Passagieren aufgestellt,' sagte Kollege Glupschberger anerkennend, ‚Da kann ich nur gratulieren, Fräulein. Aber jetzt geh ich am besten Ihrem Herr Vater telegraphieren, damit der jemanden schickt, der Sie abholt.'

Kaum hatte er das gesagt, kam ein Auto angebraust, aus dem der König von Schmurzianien sprang, die Krone auf dem Kopf, ganz in Hermelin und Brokat gekleidet, vor Freude auf einem Bein zu hüpfen begann und rief: ‚Mädel, endlich habe ich dich wiedergefunden!'

‚Langsam, mein Herr,' bremste ihn Kollege Glupschberger. ‚Sie haben gerade mit ihrem Wagen die zulässige Höchstgeschwindigkeit überschritten, und das nicht zu knapp.

Jetzt ist eine gebührenpflichtige Verwarnung fällig, das macht sieben Kronen!'

Der König von Schmurzianien wühlte in seinen Taschen und murmelte: ,Ich werd verrückt, ich hab doch siebenhundert Dublonen, Piaster und Dukaten mitgenommen, tausend Peseten, dreitausendsechshundert Franken, dreihundert Dollar, achthundertzwanzig Mark und tausend zweihundertsechzehn tschechoslowakische Kronen fünfundneunzig Heller, und jetzt hab ich keine müde Mark, keinen Pfennig

71

und Heller mehr in der Tasche. Ich hab wohl alles für Benzin und Strafen für zu schnelles Fahren ausgegeben. Tapferer Ritter, ich schicke Euch die sieben Kronen durch meinen Wesir zu.' Der schmurzianische König räusperte sich, legte die Hand auf die Brust und fuhr an den Kollegen Glupschberger gewandt fort: ,Ich sehe an deiner Uniform sowie an deiner erhabenen Gestalt, daß du ein gewaltiger Krieger, ein Prinz oder gar ein Staatsbeamter bist. Dafür, daß du meine Tochter befreit und den furchtbaren Lindwurm von Mulhazenien erlegt hast, sollte ich dir eigentlich die Hand meiner Tochter anbieten, doch du trägst an deiner Linken einen Ehering, woraus ich schließe, daß du verheiratet bist. Hast du Kinder?'

,Klar, hab ich,' antwortete Glupschberger. ,Ich habe einen dreijährigen Jungen und ein Mädchen, noch in den Windeln.'

,Gratuliere,' sprach der König von Schmurzianien, ,ich habe nur das eine Mädel da. Warte mal, ich geb dir wenigstens die Hälfte meines schmurzianischen Königreichs. Das macht rund gerechnet siebentausendvierhundertneunundfünfzig Quadratikilometer Fläche mit siebentausendeinhundertfünf Kilometern Eisenbahnnetz, zwölftausend Kilometern Straße und zweiundzwanzig Millionen siebenhundertfünfzigtausendneunhundertelf Einwohnern beiderlei Geschlechts. Das ist doch ganz anständig, oder?'

,Herr König,' meinte darauf Kollege Glupschberger, ,die Sache hat aber einen Haken. Meine Kameraden und ich haben diesen Drachen in Erfüllung unserer Dienstpflicht getötet, da er meiner amtlichen Aufforderung nicht nachgekommen ist und mir nicht auf die Wache folgen wollte. Und für eine Dienstleistung darf keiner von uns eine Belohnung annehmen, auf keinen Fall! Mann, das ist doch verboten.'

‚Ach so,‘ stutzte der König. ‚Aber ich könnte doch die Hälfte meines schmurzianischen Reiches mit allen Einrichtungen zum Zeichen meiner königlichen Dankbarkeit der gesamten Prager Polizei vermachen.'

‚Das ginge schon eher,‘ meine Kollege Glupschberger, ‚aber das ist auch nicht so einfach. Wir haben den ganzen Prager Stadtbereich bis an die Lebensmittellinie am Hals, und Prag allein, das bedeutet endlose Streifengänge, Patrouillen und Wacheschieben! Wenn jetzt noch das halbe Schmurzianien dazukäme und wir das auch noch beaufsichtigen sollten, müßten wir noch viel mehr herumlaufen, dann täten uns die Füße weh. Vielen Dank, Herr König, aber Prag genügt uns voll und ganz.'

‚Tja, Jungs, dann will ich euch wenigstens das Päckchen Tabak hier schenken, das ich mir auf die Reise mitgenommen habe. Das ist echter schmurzianischer Krüllschnitt und langt genau für sieben Pfeifen, wenn ihr sie ordentlich stopft. So, Töchterchen, rein ins Auto, wir fahren los!' Und als der König dann mit einem geradezu königlichen Kavalierstart lossauste, sind wir - das heißt die Kollegen Rabas, Holas, Matas, Kudlas, Firbas, Glupschberger und ich - zur Wache zurückgestiefelt und haben unsere Pfeifen mit diesem schmurzianischen Tabak gestopft. Jungs, so einen Tabak hab ich noch nie in meinem Leben geraucht; der war nicht besonders stark, aber er duftete wie Honig, wie Vanille, wie Tee, wie Zimt, wie Weihrauch, wie Nelken und wie Bananen, aber weil wir so stinkige Knasterpfeifen hatten, haben wir den feinen Duft gar nicht gespürt. Der Drache sollte eigentlich ins Museum gebracht werden, aber

73

ehe sie ihn abholten, hat er sich in Gallerte, ja in Wackelpeter verwandelt, weil er von all dem Wasser aufgeweicht war, so daß er schließlich verfault ist. Das ist alles, mehr weiß ich nicht.'

Als der Wachtmeister Kubat sein Märchen vom Drachen bei den Kalköfen zu Ende erzählt hatte, pafften alle Polizisten ein Weilchen schweigend vor sich hin; sie dachten wohl an den feinen schmurzianischen Tabak. Dann ließ sich der Wachtmeister Chodera vernehmen: „Wenn der Kollege Kubat da schon vom Žižkover Lindwurm erzählt hat, will ich euch mal vom Drachen in der Albertgasse berichten. Ich war mal auf Streife in der Albertgasse. Plötzlich sah ich in der Ecke bei der Kirche ein riesengroßes Ei. Das war so groß, daß es nicht mal in meinen Uniformhelm paßte, und schwer wars, wie aus Marmor. Menschenskind, dachte ich mir, das ist wohl ein Straußenei oder was, ich bringe es am besten aufs Polizeipräsidium ins Fundbüro; der Besitzer von so einem Ei meldet sich bestimmt. - Dienst im Fundbüro hatte damals der Kollege Paukelmann. Der war erkältet und hatte das Reißen im Kreuz; und so hatte er das Kanonenöfchen eingeheizt, daß es dort wie im Backofen war. ,Servus, Paukelmann,' hab ich zu ihm gesagt, ,du hast ja eingeheizt wie des Teufels Großmutter. Ich melde, daß ich in der Albertgasse ein merkwürdiges Ei gefunden habe.' ,Dann leg das mal in die Ecke,' sagte der Kollege Paukelmann, ,und setz dich, dann will ich dir melden, daß mich das Reißen im Kreuz plagt.' Ein Wort gab das andere, wir haben ein Weilchen geklönt, und es wurde schon allmählich dämmerig. Auf einmal hörten wir, wie in der Ecke etwas zu Knistern und zu Knacken begann. Wir haben

Licht gemacht, und was soll ich euch sagen, aus dem Ei schlüpfte gerade ein Drache, wahrscheinlich, weil es da so mollig warm war. Nicht größer als - sagen wir mal - ein Pudel oder Foxterrier, aber bestimmt ein Drache oder Lindwurm, das haben wir gleich erkannt, denn er hatte sieben Köpfe. Daran erkennt man Drachen und solches Kroppzeug.

75

‚Ach du meine Güte,' sagte der Kollege Paukelmann, ‚was soll ich denn damit anfangen? Da ruf ich am besten gleich den Abdecker an, damit der das Tier beseitigt.'

‚Weißt du, Paukelmann,' hab ich ihm gesagt, ‚so ein Lindwurm ist ein ziemlich seltenes Tier; ich meine, wir sollten eine Anzeige in die Zeitung setzen, damit sich der Besitzer meldet.'

‚Na schön,' sagte der Paukelmann, ‚aber womit soll ich den bis dahin füttern? Ich versuchs mal mit Milch und eingebrockter Semmel; Milch ist auch für junge Hunde am gesündesten.'

So hat er dann sieben Semmeln in sieben Liter Milch gebrockt. Das hättet ihr mal sehen sollen, wie sich das Drachenbaby gierig darüber hergemacht hat; ein Kopf drängte den anderen aus der Schüssel, alle knurrten sich gegenseitig an und schlabberten die Milch, daß das ganze Fundbüro bekleckert war. Dann hat sich ein Kopf nach dem andern die Lippen geleckt und zum Schlafen niedergelegt. Der Kollege Paukelmann hat den Drachen in seinem Büro mit all den Fundsachen aus ganz Prag eingechlossen, und in alle Zeitungen diese Anzeige gesetzt:

Dachenjunges
Frisch aus dem Ei geschlüpft, in der Albertgasse gefunden. Selbiges ist siebenköpfig, gelb-schwarz gestreift. Der Besitzer wird gebeten, sich auf dem Polizeipräsidium, Abt. Fundsachen zu melden.

Als der Kollege Paukelmann am anderen Morgen sein Büro betrat, entfuhr ihm ‚Mein Gott, ich werd' verrückt,

Sakrament, sapperlot, verdammt, verflucht, verflixt, Schockschwerenot, Herrdumeinemütze, um Gottes willen, ach du grüne Neune, Potzblitz, Donnerwetter, zum Teufel, Kruzitürken, ach du lieber Gott, Gott im Himmel, ach du kriegst die Tür nicht zu, ich möchte am liebsten fluchen!' Der Drache hatte nämlich über Nacht restlos alle Gegenstände aufgefressen, die in Prag irgendwer verloren und gefunden hatte, alle die Ringe, Uhren, Geldbeutel, Täschchen, Notizbücher, Bälle und Bleistifte, Etuis und Federhalter, Schulbücher und Murmeln, Knöpfe, Reißzeuge und Handschuhe, dazu alle amtlichen Papiere, Akten, Protokolle und Dokumente, kurz und gut, ratzekahl alles, was in Paukelmanns Büro war, sogar Paukelmanns Pfeife, die Kohlenschaufel und das Lineal, mit dem Paukelmann immer Linien auf seine Papiere zog: Der Drache hatte so viel gefressen, daß er schon doppelt so groß wie gestern war, wobei einigen Köpfen übel geworden war.

,So geht das aber nicht,' sagte sich Kollege Paukelmann, ,das Biest kann ich nicht hier behalten,' und rief den Tierschutzverein an, ob nicht besagter Verein diesem Drachenjungen Obdach gewähren könnte, wie er das mit verirrten Hunden und Katzen tut. ,Warum nicht,' sagte der Tierschutzverein und holte das Drachenjunge in sein Tierheim. ,Nur möchte ich gerne wissen,' sagte sich der Tierschutzverein dann, ,wovon sich so ein Drache eigentlich ernährt. Im Biologiebuch steht nichts darüber.' Da versuchten sie es und fütterten das Drachenjunge mit Milch, Würstchen, Eiern, Möhren, Salami, Brei, Schokolade, Blutwurst, Erbsen, Heu, Suppe, Körnern, Extrawürsten, Tomaten, Reis, Semmeln, Zucker, Kartoffeln und Dörrobst; das Drachenjunge ver-

77

putzte alles und fraß ihnen auch noch alle Bücher, Zeitungen, Bilder, Türklinken und überhaupt alles auf, was dort zu finden war und wuchs, daß es schon größer als ein Bernhardiner war.

Inzwischen traf beim Tierschutzverein ein Telegramm aus dem fernen Bukarest ein, in dem mit Zauberschrift geschrieben stand:

DAS DRACHENJUNGE IST EIN VERWUNSCHENER MENSCH,
ALLES WEITERE MÜNDLICH. EINTREFFE BINNEN DREIHUNDERT JAHREN AUF DEM WILSONBAHNHOF.

ZAUBERER BOSKO

Da kratzte sich der Tierschutzverein am Kopf und sagte: ‚Junge, Junge, wenn dieser Drache ein verwunschener Mensch ist, können wir ihn nicht hier im Tierheim halten. Dann müssen wir ihn ins Findel- oder Waisenhaus schikken.‘ Aber im Findel- und Waisenhaus sagten sie wieder: ‚Junge, Junge, wenn dieser Mensch in ein Tier verwünscht ist, ist das kein Mensch mehr, sondern ein Tier, weil er in ein Tier verwünscht ist. Ergo fällt dieser verwunschene Mensch nicht in unseren Zuständigkeitsbereich, für den ist der Tierschutz zuständig.‘ Da sie sich nicht einig werden konnten, ob ein in ein Tier verwunschener Mensch mehr ein Mensch oder mehr ein Tier ist, wollten weder die einen noch die anderen den Drachen aufnehmen und der arme Drache wußte am Ende selber gar nicht mehr, wer er war. Das hat ihn so bekümmert, daß er nicht mehr fraß, vor allem sein dritter, fünfter und siebenter Kopf. Im Tierschutz-

verein war da so ein kleines, dünnes Männchen, unschein-
bar und bescheiden wie eine leere Erbsenschote, dessen
Name fing irgendwie mit N an - Nowak oder Nesselbrink
oder Noppelknopp oder so ähnlich - nein, jetzt erinnere ich
mit, der hieß Trutina. Als dieser Herr Trutina sah, wie dem
Drachen von Kummer ein Kopf nach dem anderen einging,
sagte er dem Tierschutzverein: ‚Meine Herren, Mensch oder
Tier, ganz egal, ich würde diesen Drachen am liebsten mit
nach Hause nehmen und ihn da gehörig pflegen.'

79

Das riefen alle: ‚Bravo, hurra,' und Herr Trutina nahm den Drachen mit nach Hause.

Ich muß sagen, er hat ihn gehörig gepflegt: Er hat ihn gefüttert, gebürstet und gestreichelt - der Herr Trutina mochte nämlich Tier gern; jeden Abend, wenn er von der Arbeit heimkam, ging er mit ihm Gassi, damit der Drache Bewegung hatte. Der hopste hinter ihm her, wedelte mit dem Schwanz und hörte auf den Namen Amina. Eines Abends begegnete ihnen der Hundefänger und sagte: ‚Halt, Herr Trutina, was haben Sie denn da für ein komisches Tier? Wenn das eine Echse, ein Raubtier oder wildes Tier ist, dürfen Sie es nicht auf der Straße herumführen. Ist das aber ein Hund, müssen Sie ihm eine Hundemarke kaufen und um den Hals hängen.‘ ‚Das ist eine seltene Hunderasse,‘ sagte Herr Trutina, ‚ein sogenannter Drachenpinscher oder Lindwurmwindhund oder Siebenkopf-Terrier, nicht wahr, Amina? Keine Sorge, Herr Hundefänger, morgen kaufe ich ihm eine Hundemarke.‘ Und er kaufte ihm für seine allerletzte Krone eine Hundemarke. Und wieder begegneten sie dem Hundefänger, und der sagte: ‚Herr Trutina, so geht das nicht. Wenn Ihr Hundchen sieben Köpfe hat, muß es an jedem Hals eine Hundemarke haben, Vorschrift ist Vorschrift‘ - ‚Aber verehrter Herr Hundefänger,‘ setzte sich Herr Trutina zur Wehr, ‚Amina hat doch am mittleren Hals eine Hundemarke!‘ - ‚Das genügt nicht,‘ sagte der Hundefänger, ‚die übrigen sechs Köpfe laufen ohne Marke am Hals herum, das kann ich nicht zulassen. Ich muß Ihnen Ihren Köter beschlagnahmen.‘ ‚Ich bitte Sie, Herr Abdecker,‘ sagte Herr Trutina, ‚warten Sie damit noch drei Tage, ich kaufe der Amina noch mehr Hundemarken.‘ Damit ging er todunglücklich heim, denn er war blank und hatte keinen Heller mehr.

Zu Hause setzte er sich hin und hätte am liebsten geweint, so leid tat ihm das; er sagte sich, daß der Hundefänger ihm Amina wegnimmt und an den Zirkus verkauft oder tötet. Und als er so trauerte und seufzte, kam der Drache zu ihm,

81

legte ihm alle sieben Köpfe in den Schoß und blickte ihn mit seinen schönen, traurigen Augen direkt in die Augen. So schöne und zugleich menschliche Augen hat ein jedes Tier, wenn es seinen Herrn voll Liebe und Vertrauen anschaut. ‚Amina, ich verlasse dich nicht,' flüsterte Herr Trutina und tätschelte dem Drachen alle sieben Köpfe; dann nahm er seine Taschenuhr, ein Erbstück von seinem Vater, seinen Sonntagsanzug, seine beste Schuhe und verkaufte alles, borgte sich noch mehr Geld aus und kaufte für all das Geld sechs Hundemarken, die er seinem Drachen um die Hälse hängte. Als er dann mit ihm spazierenging, klimperten und klingelten alle die Hundemarken, als ob ein Schlitten mit Glöckchen gefahren käme.

Noch am gleichen Abend suchte der Hauswirt den Herrn Trutina auf und polterte: ‚Herr Trutina, irgendwie gefällt mir Ihr Hund nicht. Ich verstehe zwar nicht viel von Hunden, aber die Leute in der Nachbarschaft sagen, daß wäre ein Drache. Und einen Drachen kann ich nicht in meinem Haus dulden.' ‚Aber Herr Hauswirt,' sagte Trutina, ‚meine Amina hat doch niemandem was getan!' ‚Das ist mir schnuppe,' gab der Hauswirt zurück, ‚in einem ordentlichen Haus hat ein Drache nichts zu suchen, und damit basta. Wenn Sie diesen Hund nicht abschaffen, kriegen Sie zum nächsten Ersten die Kündigung. Habe die Ehre, Herr Trutina.' Damit knallte er die Tür hinter sich zu.

‚Siehst du, Amina', schluchzte Herr Trutina los, ‚jetzt müssen wir zu allem Elend auch noch aus der Wohnung; aber ich verlasse dich nicht.' Da kam der Drache ganz behutsam und leise zu ihm geschlichen, seine Augen strahlten so wunderschön, daß Herr Trutina es nicht mehr aushielt. ,Ja, ja, altes Haus' sagte er begütigend, ,du weißt doch, ich hab dich lieb.'

Am anderen Tag ging er sorgenvoll zur Arbeit - er hatte nämlich eine Anstellung als Schreiber in einer Bank - da rief ihn sein Chef zu sich. ,Herr Trutina,' sagte der Chef streng, ,Ihr Privatleben geht mich zwar nichts an, aber hier laufen merkwürdige Gerüchte um, daß Sie zu Hause einen Drachen halten. Schauen Sie mal, keiner Ihrer Vorgesetzten hält einen Drachen. Einen Drachen kann sich höchstens ein König oder Sultan leisten, Drachen sind nichts für kleine Leute. Herr Trutina, Sie leben entschieden über Ihre Verhältnisse. Entweder Sie schaffen den Drachen ab, oder Ihre Stellung ist ab Ersten gekündigt.' ,Herr Direktor,' sagte Trutina leise, ,meine Amina gebe ich nicht her.' Dann ging er so betrübt nach Hause, daß man es gar nicht beschreiben kann.

Daheim setzte er sich niedergeschlagen in eine Ecke und ließ den Tränen freien Lauf. Jetzt ist es aus, sagte er sich und schluchzte. Dabei fühlte er, wie ihm der Drache behutsam einen Kopf aufs Knie legte. Vor lauter Tränen sah er nichts, doch streichelte er den Kopf und flüsterete: ,Keine Angst, Amina, ich laß dich nicht im Stich.' Und wie er den Kopf so streichelte, kam der ihm auf einmal zart und lockig vor; er wischte sich die Tränen aus den Augen - anstelle des Drachens lag eine schöne Jungfer vor ihm auf den Knien, das Kinn auf sein Knie gestützt und schaute ihm mit süßem Blick in die Augen. ,Um Gottes willen,' schrie Herr Trutina auf, ,wo ist Amina?' - ,Ich bin Prinzessin Amina,' sprach die schöne Jungfer, ,und war bis jetzt in einen Drachen verwünscht, weil ich immer so hochmütig und

83

jähzornig war. Aber jetzt, Herr Trutina, bin ich lamm-fromm.'

,Amen,' erscholl es von der Tür, denn dort stand der Zauberer Bosko. ,Sie haben sie erlöst, Herr Trutina. Jede Liebe erlöst Mensch und Tier aus der Verwünschung. Je-mine, Kinder, das ist aber gut ausgegangen! Herr Trutina, der Vater von diesem Fräulein hier läßt Sie schön grüßen und Ihnen ausrichten, daß Sie in sein Königreich kommen und den Thron besteigen sollen. Aber flott, sonst verpas-sen wir den Zug.'

Und damit hat das Märchen von Drachen in der Albert-gasse sein Ende," schloß Schutzmann Chodera seinen Be-richt. „Wenn ihrs nicht glaubt, könnt ihr ja den Kollegen Paukelmann fragen gehen."

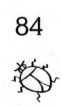

INHALT

KAREL ČAPEK – JOSEF ČAPEK

MÄRCHEN

Nach dem tschechischen Original Devatero pohádek a ještě jedna
od Josefa Čapka jako přívažek und Pohádky Karla Čapka, alle
Märchen von Karel Čapek, Illustrationen von Josef Čapek. Mit
freundlichen Genehmigung der Erben von Josef Čapek wurden die
Illustrationen aus folgenden Originaltiteln ergänzt:
2 Zeichnungen aus Povídejme si, děti
1 Zeichnung aus Dobrodružství Pětihranného Boba
1 Zeichnung aus Vánoční povídka
I. deutsche Ausgabe, Albatros, Verlag für Kinder und Jugend,
AG., Prag, 1999
Alle Rechte vorbehalten.
Printed in Czech Republic.

Translation ©Jürgen Ostmeyer, 1999
Graphic Design© Vladimír Vimr, 1999
German Edition ©Albatros, Co.Inc., Prague, 1999

ISBN 80-00-00754-1
14/45
13-701-99